DAS GEBÄCK

DAS GEBÄCK

PAT ALBUREY

XENOS

Deutsche Ausgabe:
ISBN 3-8212-0845-7
Copyright © 1989 by XENOS Verlagsgesellschaft mbH
Überarbeitete Neuauflage 1990
Am Hehsel 40, 2000 Hamburg 63
Übersetzt aus dem Englischen von Luzia Czernich, Haimhausen
Einbandgestaltung: Künne + Künne Werbeagentur, Hamburg
Satz: Atelier Schümann GmbH, Hamburg
Printed in Yugoslavia

Die englische Originalausgabe erschien 1988
unter dem Titel 'The Book of Biscuits'
im Verlag Salamander Books Limited, 52 Bedford Row, London WC1R 4LR
by arrangement with Merehurst Limited, 51-57 Lacy Road, London SW15 1PR
Copyright © 1988 by Merehurst Ltd.

INHALT

EINFÜHRUNG

Als Gebäck bezeichnet man in der Regel die unterschiedlichsten kleinen, mehr oder weniger süßen Gebäckstücke, die im Laufe der Jahre immer mehr Anhänger gefunden haben – sowohl bei Kindern, als auch bei Erwachsenen. Beliebt sind auch die pikanten Kekse, die man Crackers nennt. Die ersten Kekse allerdings waren nicht süß, sie entpuppten sich als kleine, harte Fladen aus einem ungesäuerten Mehl-Wasser-Brei. Von diesen Anfängen war es ein weiter Weg bis hin zu den knusprigen Köstlichkeiten, wie wir sie heute genießen können: Lebkuchen, Florentiner, Makronen, Ingwerwaffeln und Teegebäck. Aber das sind nur die sogenannten »Klassiker«.

Dieses Buch enthält natürlich die Rezepte dafür und noch für viele andere; vom einfachen Schottischen Haferkuchen bis zum aufwendigen Lebkuchenhaus. Hier finden Sie über hundert Rezepte mit Schritt-für-Schritt-Anleitungen, es dürfte somit für jeden Geschmack etwas dabei sein – deftige, üppige, leichte und lockere, pikante und süße Kekse, Vollkornkekse und Gebäck für besondere Anlässe. Es werden auch Plätzchen vorgestellt, die man nicht backen muß.

Sie benötigen keine besondere Backerfahrung, um Gebäck erfolgreich zuzubereiten. Das geht ganz einfach, und man braucht dafür erstaunlich wenige oder gar keine Küchengeräte. Die meisten Rezepte sind so einfach, daß auch Kinder sie verstehen. Selbstgemachte Kekse schmecken gut und sind nicht teuer. Sie glauben gar nicht, wie viele Gebäckarten man mit relativ wenigen Zutaten backen kann.

Der Duft frisch gebackener Kekse trägt viel zum Genuß dieser Köstlichkeiten bei. Sollten Sie noch kein Anhänger des Plätzchenbackens sein, dann Vorsicht! Dieses Buch könnte Sie süchtig machen.

KÜCHENGERÄTE

Das Schöne am Keksebacken ist das Minimum an Geräten – eine Rührschüssel, eine Waage, einen Meßlöffel, ein Wellholz (und auch das nicht immer), ein Messer, ein Backblech und ein Kuchengitter. Mit diesen wenigen Geräten kann man eine Vielzahl von Plätzchen backen. Wenn Sie Ihr Repertoire aber erweitern wollen, dann empfiehlt sich die Anschaffung von ein paar zusätzlichen Geräten. Kaufen Sie nach und nach dazu, so, wie Ihr Geschick und Ihre Begeisterung wachsen.

Vorbereiten
Beim Backen ist genaues Abmessen sehr wichtig. Verwenden Sie lieber richtige Meßlöffel anstelle üblicher Haushaltslöffel. Sie sind nicht teuer und vielseitig verwendbar. Eine gute Küchenwaage, die es in vielen Ausführungen gibt, ist zu empfehlen. Man kann auch einen Meßbecher mit Skalen für trockene und flüssige Zutaten nehmen. Ein großes Sieb ist praktisch, wenn man Mehl, Backpulver, Gewürze etc. vermischen will.

Ausrollen
Das Wellholz sollte ziemlich lang sein und abgerundete Ecken haben. Das ist besonders wichtig, der Teig bekommt sonst Abdrücke. Es gibt andererseits spezielle Wellhölzer, um den Teig mit einem Muster zu versehen.

Jede glatte Arbeitsfläche oder ein großes Holzbrett eignet sich als Unterlage. Nicht unbedingt entscheidend, aber doch von Vorteil ist die Benutzung einer großen Marmorplatte. Das gilt vor allem für weiche, fettreiche Teigarten, denn sie hält den Teig kühl.

Formen
Einfache Formen wie Quadrate, Rechtecke, Dreiecke oder Rauten kann man von Hand mit einem dünnen Messer schneiden. Es sollte sehr dünn sein, besonders bei der Verarbeitung von gekühltem Teig. Mit einem Teigrad erhält man hübsch geformte Ränder.

Ausstechförmchen gibt es in vielen Größen und Formen, von einfachen Kreisen bis zu Figuren, Tieren, Buchstaben, Zahlen und Fantasieformen. Achten Sie darauf, daß die Schnittkanten scharf sind, damit der Teig glatt durchtrennt wird. Förmchen aus Metall sind in der Regel schärfer als Plastikförmchen. Legen Sie sich am besten gleich ein ganzes Sortiment verschiedener Formen zu. Die Maßangaben in den Rezepten beziehen sich immer auf den Abstand zwischen

den Schnittkanten, die Oberkanten sind meist abgerundet. Diese Angaben sollen aber nur Anhaltspunkte sein. Sie können Formen und Maße jederzeit frei wählen.

Es gibt auch Formen, die auf einer Rolle angebracht sind. Damit muß man nur über den vorbereiteten Teig fahren – eine schnelle Methode.

Viele Teigsorten oder Meringen werden mit einem Spritzbeutel verarbeitet. Man benutzt am besten Beutel mit geschweißten Nähten, sie sind stabiler als Beutel mit genähten. Metalltüllen ergeben klarere Konturen als Plastiktüllen.

Eine manuelle Teigpresse ist ein Muß für den Enthusiasten. Man erhält sie samt einem Sortiment von Einsatzscheiben und kann damit gleichmäßige Formen herstellen. Außerdem kann man damit sehr rasch arbeiten.

Zu den Luxusgeräten gehören Lebkuchenformen, »Model« genannt. Sie sind recht teuer und lohnen sich nur, wenn Sie viel backen.

Für flaches Gebäck, das in Riegel geschnitten wird, benötigt man eine flache Backform. Schwere Formen für Biscuitrollen kann man gut als Backbleche verwenden. Achten Sie bei Backformen auf Qualität. Zu dünne Bleche verformen sich bei hohen Temperaturen.

Backen und Kühlen
Backbleche sollten immer aus schwerem Metall sein, damit sie sich im Ofen nicht verformen. Nehmen Sie - außer, es steht im Rezept anders - das größtmögliche Blech. Durch die Verwendung von Backpapier läßt sich am ehesten verhindern, daß ein schwerer Teig oder eine Meringe am Blech anklebt. Ein biegsames Spatelmesser ist praktisch, um die Plätzchen vom Blech zu lösen. Auf einem Kuchengitter kühlen sie am schnellsten aus.

Letzter Schliff
Mit einem Kuchenpinsel streicht man Glasuren – vor oder nach dem Backen – auf und entfernt überschüssiges Mehl von dem ausgerollten Teig.

Lagerung
Gebäck lagert man am besten in luftdichten Behältern. Ideal dafür sind die üblichen Blechdosen, die es mittlerweile in vielen schönen Farben und Mustern gibt.

Pflege der Geräte
Backbleche und Metall-Ausstechförmchen rosten, wenn sie nicht gründlich abgetrocknet werden. Legen Sie sie deshalb nach dem Abwaschen zum Trocknen in den warmen Backofen.

Gebäck wird in den verschiedensten Formen, Größen, Teigarten und Geschmacksrichtungen hergestellt. Die Methoden aber sind recht einfach und häufig gar nicht so verschieden voneinander. Man hält sich am besten an die Regeln, die auch für das Backen von Kuchen gelten. Es gibt gekneteten, gerührten, geschlagenen und geschmolzenen Teig sowie einige Arten, die nicht gebacken werden und Arten auf Meringenbasis.

Den besten Geschmack erzielen Sie bei der Verwendung von Butter. Sie können natürlich Margarine nehmen, aber der Geschmack des Teigs entspricht nicht dem von Butterteig.

Gekneteter Teig
Diese Methode wird bei vielen Gebäcksorten angewandt. Der Teig wird in der Regel ausgerollt und ausgeschnitten. Manchmal läßt er sich von Hand flachdrücken. Die Butter wird mit der Hand in das Mehl eingeknetet, bis die Mischung bröselig aussieht. Damit der Teig nicht klebrig wird, sollte man immer kalte, feste Butter verwenden.

Man kann Instantmehl und normales Mehl mit Backpulver verarbeiten. Die Beschaffenheit das Gebäck richtet sich nach dem Verhältnis von Butter, Zucker und Mehl. Je höher der Butteranteil, desto weicher der Keks. Je niedriger der Butter- und je höher der Zuckeranteil, desto knuspriger das Gebäck.

Wenn Butter und Mehl vermengt werden, wird die Mischung mit einem Ei, einem Eigelb oder mit Milch zu einem Teig gebunden, der so fest ist, daß man ihn ausrollen kann. In den Rezepten dieses Buches wird von Eiern der Größe 3 (60 bis 65 g) ausgegangen. Wenn der Butteranteil sehr hoch ist, ist das Binden durch Ei oder Milch nicht nötig.

Gerührter Teig
Aus gerührtem Teig kann man eine Vielzahl unterschiedlicher Kekssorten backen, von knusprig-knackigen bis zu weichen, die auf der Zunge zergehen. Der Teig kann so fest sein, daß er sich zum Ausrollen eignet, oder so weich, daß er mit einem Spritzbeutel verarbeitet oder von einem Löffel auf das Backblech getropft werden kann.

Butter und Zucker werden gerührt, bis die Mischung locker und schaumig ist. Man kann den Teig von Hand mit einem Holzlöffel oder mit einem elektrischen Mixer rühren. Für größere Teigmengen ist ein elektrisches Rührgerät zu empfehlen.

Der Anteil des eingearbeiteten Mehls ist ziemlich groß. Es wird zunächst mit einem Löffel untergerührt und dann mit der Hand eingeknetet. Wenn man den Teig von Anfang an mit der Hand bearbeitet, wird er weich und klebrig.

Rührteig ist weicher als gekneteter Teig. Er kann meistens sofort geknetet und ausgerollt werden, manchmal aber muß man ihn zuvor gut kühlen. Wenn das der Fall ist, wird im Rezept die Lagerung im Kühlschrank empfohlen. Sollten Sie nicht sicher sein, ob der Teig fest genug ist, wickeln Sie ihn in Plastikfolie ein und legen Sie ihn für kurze Zeit in den Kühlschrank. Er darf jedoch nicht zu hart werden, sonst bricht er beim Ausrollen.

Das Kühlen eines weichen Teiges ist besser als das zusätzliche Einarbeiten von Mehl. Wenn Sie Teigreste wieder zusammenkneten und ausrollen wollen, denken Sie daran, daß der Teig mehr Mehl aufnimmt und trockener wird. Mischungen mit einem hohen Zuckeranteil sind weicher als solche mit niedrigem. Man sollte sie vor dem Ausrollen und vor dem Backen kühlen.

Geschlagener Teig
Mit dieser Methode erhält man sowohl leckere als auch knusprige, waffeldünne Plätzchen. Die Teigportionen werden entweder mit dem Löffel oder dem Spritzbeutel auf das Backblech gesetzt. Man schlägt zuerst Eier und Zucker, bis die Mischung dick und sehr zähflüssig ist. Das kann mit einem Schneebesen oder einem elektrischen Rührgerät geschehen. Dann wird das Mehl eingerührt.

Geschmolzener Teig

Hieraus lassen sich feste, knackige, aber auch knusprige Kekse herstellen, die auf der Zunge zergehen. Die weicheren Mischungen gibt man mit einem Löffel auf das Backblech, die festeren kann man mit den Händen oder mit einem Wellholz bearbeiten. Dieser Teig besitzt einen hohen Zuckergehalt in Form von Honig, Sirup oder Kristallzucker. In handwarmem Zustand ist er deshalb sehr klebrig. Das verliert sich, wenn er gekühlt wird. Lassen Sie sich also nicht dazu verleiten, mehr Mehl dazuzugeben.

Ungebackene Kekse

Das sind zwar keine richtigen Kekse, aber eine köstliche Mischung verschiedener Zutaten, die beim Abkühlen fest wird. Diese Süßigkeiten reicht man zum Tee oder Kaffee. Sie sind schnell hergestellt, müssen aber lange kühlen, damit sie richtig fest werden.

Viele dieser Mischungen werden mit geschmolzener Schokolade gebunden. Aber Vorsicht, die Schokolade darf nicht überhitzt werden. In der Regel schmilzt man sie über einem heißen Wasserbad. Bei manchen Rezepten jedoch wird sie im Topf geschmolzen, meist dann, wenn sie mit anderen Zutaten wie Wasser oder Butter vermischt wird. Das Wasserbad darf nicht stark kochen, sondern nur leise köcheln. Man muß auch aufpassen, daß kein Wasser in die Schokolade spritzt, sie wird sonst dick und körnig.

Gebäck auf Meringenbasis

Hierzu gehören die beliebten Makronen und Amaretti sowie viele andere leckere Sorten, die man zum Kaffee oder Tee servieren kann. Bei manchen Rezepten heißt es, man soll die Teigmasse mit einem Spritzbeutel auf das Blech geben. Wer aber nicht so gern mit einem Spritzbeutel arbeitet, kann dies natürlich auch mit einem Löffel tun.

Vorgekühlter Teig

Dieser Teig muß gut gekühlt werden, bevor man ihn in Stücke schneidet und backt. Man kann ihn auch bis zu einer Woche im Kühlschrank lagern und dann erst backen. Mit zwei bis drei dieser Teigsorten hat man immer einen Vorrat parat und kann jederzeit und ganz schnell ein paar frisch gebackene Kekse auf den Tisch zaubern.

Dieser Teig besitzt einen hohen Butter- und Zuckeranteil und wird gerührt. Er ist zunächst ziemlich weich, aber in Stücke geschnitten und gekühlt, läßt er sich gut in kleinen Portionen verarbeiten. Der Teig läuft beim Backen auseinander, setzen Sie die Portionen deshalb nicht zu eng nebeneinander auf das Backblech.

GRUNDTECHNIKEN

Das Backen von Keksen ist nicht schwierig, wenn man ein paar grundlegende Regeln befolgt.

Das Abmessen der Zutaten

Das exakte Abmessen ist äußerst wichtig. Die Meßlöffelangaben der Rezepte gehen immer von einem gestrichenen Löffel aus. Trockene Zutaten streicht man mit einem Messer glatt. Honig und Sirup sind am schwierigsten abzumessen. Man wiegt sie am besten ab oder füllt sie in einen Meßbecher. Wenn man zuerst den Zucker abwiegt und dann den Honig oder den Sirup darauf gibt, verhindert man, daß sie an dem Meßbecher oder an der Waage kleben bleiben. Wird kein Zucker verwendet, bemehlt man die Gefäße vorher ein wenig. Flüssigkeiten füllt man in einen Meßbecher und liest in Augenhöhe ab.

Das Backblech vorbereiten

Jedes Rezept enthält Anweisungen zur Vorbereitung des Blechs oder der Backform. Diese Anleitungen sollten genau befolgt werden. Auch wenn es Sie stutzig macht, daß man ein Blech mit Butter einfettet – tun Sie es dennoch. Kekse haben ein feines Aroma, das bei der Verwendung einer intensiv schmeckenden Margarine beeinträchtigt wird. Bei der Verwendung von Backpapier können Sie jedes beliebige Fett nehmen. Es wird nur auf das Blech gestrichen, damit das Papier nicht wegrutscht. Das ist besonders wichtig, wenn Sie mit einem Heißluftherd arbeiten.

Das Ausrollen

Beim Ausrollen muß man die Arbeitsfläche und das Wellholz bemehlen, damit der Teig nicht festklebt. Gehen Sie äußerst sparsam mit dem Mehl um, der Teig wird sonst trocken und verfärbt sich. Den Teig beim Ausrollen immer hin- und herschieben und die Unterlage bemehlen. Nur leicht mit dem Wellholz drücken. Vor dem Backen wischt man mit einem weichen Kuchenpinsel das überschüssige Mehl von der Oberseite der Kekse weg.

Das Ausstechen

Die Ausstechformen werden in Mehl getaucht, damit der Teig nicht hängenbleibt. Die Form wird fest in den Teig gedrückt, aber nicht hin- und herbewegt, da sonst die Ränder unsauber werden. Fassen Sie die ausgestochenen Kekse nie mit den Fingern an, sondern heben Sie sie mit einem Spatel von der Unterlage ab.

Das Backen

Alle angegebenen Backzeiten sind Richtzeiten. Da jeder Backofen in der Temperatur variiert, können sich die Zeiten ein wenig ändern. Auch das verwendete Backblech spielt eine Rolle. Manche Metalle leiten besser, das heißt, die Backzeiten sind kürzer.

In der Regel sind die Kekse weich, wenn sie aus dem Ofen kommen. Deshalb läßt man sie ein paar Minuten auf dem Blech liegen, damit sie fest werden können. Anschließend sollen sie auf einem Kuchengitter auskühlen.

Manche Sorten müssen rasch vom Blech genommen werden, damit man sie in ihre endgültige Form bringen kann. Jedes Rezept gibt genau an, wann und wie Sie das Gebäck vom Blech nehmen müssen.

Das Lagern

Mit wenigen Ausnahmen lassen sich Kekse gut lagern, vorausgesetzt, sie werden in luftdichten Behältern aufbewahrt. Einfache Blechdosen sind am besten. Sie halten das Gebäck knusprig und verhindern, daß sie die Feuchtigkeit aus der Luft aufnehmen. Dadurch würden sie zäh. Bewahren Sie die Dose mit den Plätzchen an einem kühlen Ort auf.

Härtere Kekse halten sich länger als weiche. Als Faustregel kann gelten: Einfache, feste Kekse kann man bis zu einer Woche aufheben, weichere oder solche mit Füllung und Glasur zwei bis drei Tage. Wenn Gebäck für den sofortigen Verzehr bestimmt ist, ist das in dem Rezept angegeben. Man sollte Kekse und Kuchen nie in demselben Behältnis aufbewahren, da die Kekse Feuchtigkeit von dem Kuchen aufnehmen und dadurch weich werden. Falls Sie Ihren Picknickkorb mit selbstgebackenen Keksen bereichern wollen, dann wickeln Sie sie am besten in Alufolie und legen sie in einen separaten Behälter. Die Kekse nehmen sonst das Aroma anderer Speisen an.

Einfrieren

Man kann stets einen Vorrat an Gebäck in der Gefriertruhe haben, vor allem die einfachen Sorten sind dafür geeignet. Bei Bedarf werden sie dann rasch aufgebacken. Nach dem For-

men bzw. Ausstechen werden sie auf einem Blech ungebacken ins Gefrierfach geschoben. Wenn sie hart sind, füllt man sie in feste Behälter um, beschriftet diese und stellt sie in die Gefriertruhe. Auf diese Weise eingefroren, kleben sie nicht zusammen, und man kann sie in der gewünschten Stückzahl aufbacken. Die gefrorenen Kekse sind bis zu drei Monaten lagerfähig. Man kann sie gefroren auf ein vorbereitetes Blech legen, muß dann aber beim Backen ein paar Minuten dazugeben.

MALZ-KLEIE-RIEGEL

185 g dunkle Schokolade, geraspelt
30 g Butter
1 EL Malzextrakt
90 g getrocknete Aprikosen, gehackt
60 g Trockenpflaumen, ohne Stein, gehackt
90 g Kleieflocken (Müslimischung)

Eine flache Form (etwa 27 x 17 cm) mit Butter einfetten. Ein Blatt Pergamentpapier auf den Boden der Form legen. Schokolade, Butter und Malzextrakt in eine Schüssel füllen und über einem köchelnden Wasserbad schmelzen.

Aprikosen, Pflaumen und Kleieflocken in die Schokoladenmischung einrühren. Die Masse in die vorbereitete Form füllen und mit einem Löffel glattstreichen. 1 bis 2 Stunden im Kühlschrank fest werden lassen.

Die Seiten der Masse von der Form ablösen. Auf ein Brett stürzen und das Papier entfernen. Die »Platte« umdrehen und in 24 Stücke schneiden: Gleichmäßig erst drei lange Streifen und dann 8 breite schneiden. Die Stücke hübsch auf einer Platte anrichten und auf den Tisch bringen.

Ergibt 24 Stück

NUSSIGE BISSEN

60 g **Butter**
60 g **Golden Syrup**
30 g **Kakaopulver**
60 g **Rosinen**
60 g **Haselnüsse, geröstet und gehackt**
60 g **Cornflakes**

Butter, Sirup, Kakao und Rosinen in einen Topf füllen. Bei niedriger Hitze rühren, bis alle Zutaten geschmolzen und gut vermischt sind.

Drei Viertel der Nüsse und die Cornflakes einrühren. Die Masse mit einem kleinen Löffel in Petits-fours-Förmchen füllen und mit den restlichen Nüssen bestreuen. 1 Stunde im Kühlschrank fest werden lassen.

Die Stückchen hübsch auf einer Platte anrichten.

Ergibt 38–40 Stück

Variante: Anstelle der Haselnüsse kann man auch geröstete Mandeln und kandierte Kirschen verwenden.

EXOTISCHES VERGNÜGEN

250 g exotische Nuß- und Obstmischung
125 g dunkle Schokolade, geraspelt
45 g Butter
Die Schale von 2 großen Orangen,
   in Streifchen geschnitten

Eine flache Form (etwa 27 x 17 cm) mit Butter einfetten. In den Boden der Form gibt man Pergamentpapier. Die Nuß-Obstmischung in einer Küchenmaschine grob zermahlen.

Schokolade und Butter in eine Schüssel geben. Über einem köchelnden Wasserbad schmelzen. Immer wieder umrühren. Die Hälfte der Orangenschale und die gemahlene Nußmischung dazugeben und einrühren. Die Masse dann in die vorbereitete Form füllen und glattstreichen. Die restlichen Orangenschalen darüberstreuen und leicht andrücken. Die Masse 1 bis 2 Stunden im Kühlschrank fest werden lassen.

Die Seiten der Mischung von der Form lösen. Vorsichtig auf ein Brett stürzen und das Papier abziehen. Die ganze Platte umdrehen und in 32 Stücke teilen: zuerst in 4 lange Streifen, dann in 8 breite schneiden.

Ergibt 32 Stück

MÜSLI-HONIG-ECKEN

60 g heller Honig
60 g Butter
125 g dunkle Schokolade, geraspelt
250 g Müslimischung

Eine flache Form (etwa 27 x 17 cm) buttern.
Den Boden mit Pergamentpapier auslegen. In
einer großen Schüssel Honig, Butter und Schokolade über einem köchelnden Wasserbad
schmelzen. Immer wieder rühren.

30 g der Müslimischung aufheben. Den Rest in
die Honigmasse einrühren. Die Mischung in die
vorbereitete Form füllen und mit dem Rücken
eines Löffels glattstreichen. Die übrige Müslimischung auf die Oberfläche streuen und leicht
andrücken. 1 bis 2 Stunden im Kühlschrank
fest werden lassen.

Dann vorsichtig aus der Form heben und das
Papier abziehen. Die Platte der Länge nach
durchschneiden, dann der Breite nach durchteilen, so daß sich 8 Quadrate ergeben. Jedes
Stück schräg durchteilen. So erhält man
16 Dreiecke. Auf eine Servierplatte legen.

Ergibt 16 Stück

— CRÈME-DE-MENTHE-SCHNITTEN —

BODEN: 125 g Butter
30 g Golden Syrup
375 g Mürbgebäck-Krümel

FÜLLUNG: 125 g Butter
125 ml Sahne
6 TL Crème de Menthe
440 g Puderzucker, gesiebt

SCHOKOLADENGLASUR:
Ein paar Tropfen Vanilleessenz
30 g Butter
185 g dunkle Schokolade

Boden: Butter und Sirup in einem Topf schmelzen, dann die Krümel einrühren. Die Mischung in eine flache Form (32 x 22 cm) füllen und glattstreichen. Beiseite stellen. Füllung: Butter und Sahne in einer großen Schüssel über einem heißen Wasserbad rühren, bis die Butter schmilzt. Crème de Menthe und Zucker hinzufügen und schlagen, bis die Mischung dick wird. Die Masse auf den Boden der Form geben und glätten. 1 bis 2 Stunden im Kühlschrank fest werden lassen.

Vanilleessenz, Butter, Schokolade und 1 EL kaltes Wasser in eine kleine Schüssel füllen. Über einem köchelnden Wasserbad unter Rühren zu einer glatten Masse schmelzen. Diese auf die Füllung in der Form streichen und mit einem breiten Messer ein hübsches Muster eindrücken. Im Kühlschrank fest werden lassen. Dann in 4 lange und 8 breite Streifen schneiden.

Ergibt 32 Stück

LEICHTE RIEGEL

2 Karamelriegel mit Schokoladenüberzug,
in kleine Stücke geschnitten
125 g dunkle Schokolade, geraspelt
90 g Butter
90 g Reiscrisps

Eine flache Form (32 x 22 cm) buttern. Den Boden mit Pergamentpapier auslegen. Karamelriegel, Schokolade und Butter in eine große Schüssel füllen und über einem köchelnden Wasserbad erhitzen. Rühren, bis die Mischung geschmolzen und gut vermischt ist.

Die Reiscrisps dazuschütten und rühren, bis sie ganz von der Schokoladenmasse umhüllt sind. Die Masse in die Form geben und mit einem Löffel glattstreichen. 1 bis 2 Stunden im Kühlschrank fest werden lassen.

Die feste Masse mit einem scharfen Messer gleichmäßig in 6 lange und 4 breite Streifen schneiden. Die Riegel vorsichtig mit einem biegsamen, breiten Messer aus der Form heben.

Ergibt 24 Stück

DATTEL-INGWER-FÄCHER

60 g Butter
60 g Golden Syrup
125 g dunkle Schokolade, geraspelt
185 g Kekskrümel (Digestives)
90 g Datteln, ohne Stein, gehackt
60 g eingelegte Ingwerstangen, gehackt

Puderzucker zum Bestreuen

Butter, Sirup und Schokolade in eine große Schüssel füllen. Über einem heißen Wasserbad schmelzen und rühren, bis die Mischung glatt ist.

Die Kekskrümel, Datteln und Ingwer dazugeben und gründlich vermischen. Die Masse dann gleichmäßig in eine runde Springform streichen. Die Oberfläche mit einem Löffel glätten. 1 bis 2 Stunden im Kühlschrank fest werden lassen.

Den Rand der Springform abnehmen. Die feste Mischung in 16 gleichgroße Stücke teilen. Mit einem breiten Messer vom Boden der Form ablösen, mit Puderzucker bestreuen und auf einer Platte anrichten. Bis zum Servieren im Kühlschrank aufbewahren.

Ergibt 16 Stück

WHISKY-MAKRONEN

30 g Kakaopulver
60 g Golden Syrup
60 ml Whisky
90 g Butter
250 g Ingwerkekskrümel
125 g gehackte Walnüsse

Puderzucker zum Bestreuen

Ein großes Backblech mit Alufolie auslegen. Kakaopulver, Sirup, Whisky und Butter in einen Topf füllen und bei niedriger Hitze rühren, bis die Butter geschmolzen und alles gut vermischt ist.

Kekskrümel und Nüsse in die Mischung rühren. Etwas abkühlen lassen. Ein etwa walnußgroßes Stück der Masse zu einer Kugel rollen und dann flachdrücken. Auf das vorbereitete Backblech legen. Mit der restlichen Masse ebenso verfahren. In den Kühlschrank geben und 1 bis 2 Stunden fest werden lassen.

Die Makronen leicht mit Puderzucker bestreuen, von der Folie nehmen und auf einen großen Teller legen.

Ergibt etwa 32 Stück

CALYPSO-RIEGEL

250 g weiße Schokolade, geraspelt
90 g Butter
60 ml brauner Rum
60 g Pistazienkerne, enthäutet
60 g kandierte Kirschen, grob gehackt
125 g Kokosraspel
30 g dunkle Schokolade, geschmolzen

Eine flache Form (etwa 27 x 17 cm) buttern und den Boden mit Pergamentpapier auslegen.

Weiße Schokolade, Butter und die Hälfte des Rums in einer großen Schüssel über einem heißen Wasserbad erhitzen. Rühren, bis alles gut vermischt ist. Dann die Schüssel vom Wasserbad nehmen und den restlichen Rum einrühren. Die Pistazienkerne grob hacken. Drei Viertel der Kerne, die Kirschen und Kokosraspel in die Schokolade geben und alles gut vermischen. Die Masse gleichmäßig in die vorbereitete Form streichen.

Die restlichen Pistazienkerne sehr fein hacken. Die geschmolzene Schokolade in einen Papier-Spritzbeutel füllen. Über die Kokosmischung Linien aus Schokolade ziehen (siehe Bild). Dann die Pistazien darüber streuen. 4 bis 5 Stunden im Kühlschrank fest werden lassen. Dann die Masse in 3 Längs- und 10 Querstreifen schneiden. Die Riegel mit einem Messer von der Form lösen. Kühl lagern.

Ergibt 30 Stück

INGWERBISSEN

90 g Butter
90 g weicher, brauner Zucker
90 g Golden Syrup
60 g schwarzer Sirup
250 g Instantmehl
1 TL Speisesoda
2 TL gemahlener Ingwer
1 TL Mischgewürz

Den Backofen auf 180 Grad (Gas Stufe 4) vorheizen. Zwei Backbleche mit Butter bestreichen. Butter, Zucker, Golden Syrup und schwarzen Sirup in einen Topf füllen und auf kleiner Hitze rühren, bis alle Zutaten geschmolzen und vermengt sind.

Etwas abkühlen lassen. Mehl, Speisesoda, Ingwer und Gewürz in eine Schüssel sieben. Eine Vertiefung in die Mitte drücken und die Sirupmischung hineingießen. Alles zu einem weichen Teig verkneten. Portionen von je 15 g oder von der Größe einer Walnuß zu glatten Kugeln formen. Auf die Bleche legen und mit dem Messer flachdrücken. Auf ausreichende Abstände achten.

15 Minuten backen, bis die Kekse leicht gebräunt sind. Aus dem Ofen nehmen und 2 bis 3 Minuten auf dem Blech abkühlen lassen. Zum völligen Erkalten auf ein Kuchengitter legen. Die Kekse werden beim Abkühlen knusprig.

Ergibt 30 Stück

TUILES

60 g Butter
Fein geriebene Schale einer Orange
2 TL Grand Marnier
2 Eiweiß
125 g Puderzucker, gesiebt
60 g Mehl, gesiebt
60 g blanchierte Mandeln, halbiert und in
   feine Stifte geschnitten

Puderzucker zum Bestreuen

Den Backofen auf 230 Grad (Gas Stufe 6) vorheizen. Mehrere Backbleche mit Butter einfetten.

In einem kleinen Topf die Butter schmelzen, dann Orangenschale und Grand Marnier einrühren. Abkühlen lassen. Die Eiweiß steif schlagen. Dann den Puderzucker einrühren. Das Mehl unterheben, dann die Buttermasse hinzufügen. Vorsichtig die Mandeln unterheben. Die Masse mit einem Teelöffel auf die Backbleche verteilen. Auf ausreichende Abstände achten. Eine Gabel in kaltes Wasser tauchen und jedes Häufchen zu einer flachen Scheibe drücken. Im Ofen etwa 5 Minuten backen, bis der Teig an den Rändern braun wird.

Das Gebäck sofort aus dem Ofen nehmen. Mit einem Messer vom Blech lösen und die Kekse über ein dünnes Wellholz legen, damit sie ihre typische Form bekommen. (»Tuiles« bedeutet nämlich Dachziegel.) Vor dem Servieren mit gesiebtem Puderzucker bestreuen.

Ergibt 28–30 Stück

SCHOKOLADEN-KNUSPER

60 g Butter
90 g Puderzucker, gesiebt
Ein paar Tropfen Vanilleessenz
3 Eiweiß, mit einer Gabel leicht geschlagen
75 g Mehl, gesiebt
30 g Butter, geschmolzen und abgekühlt

ZUM BESTREICHEN: 125 g dunkle Schokolade,
    geraspelt
30 g Kokosraspel

Den Backofen auf 220 Grad (Gas Stufe 7) vorheizen. Mehrere Backbleche mit Butter einfetten.

Butter und Puderzucker in einer Schüssel
schaumig rühren. Die Vanilleessenz hinzufügen.
Nach und nach das Eiweiß unterheben. Das
Mehl und dann die geschmolzene Butter unterziehen. Die Teigmischung mit einem Löffel auf
die Backbleche verteilen. Auf ausreichende Abstände achten. Die Portionen etwas flachdrücken und etwa 8 Minuten backen, bis die
Teigränder braun werden. Sofort aus dem Ofen
nehmen. Mit einem Messer vom Blech lösen
und auf einem Kuchengitter auskühlen lassen.

Die Schokolade in einer kleinen Schüssel über
einem heißen Wasserbad schmelzen. (Das Wasser darf nicht kochen.) Die abgekühlten Kekse
dünn mit Schokolade bestreichen und mit Kokosraspel bestreuen. An einem kalten Ort liegenlassen, bis die Schokolade fest ist.

Ergibt 48 Stück

FLORENTINER

60 g Butter
90 ml Sahne
90 g weicher, brauner Zucker
Fein geriebene Schale einer großen Zitrone
2 TL Zitronensaft
60 g Mehl, gesiebt
90 g blanchierte Mandeln, gestiftelt
90 g gehacktes Zitronat oder Orangeat
60 g kandierte Kirschen, gehackt
30 g Sultaninen
30 g getrocknete Aprikosen, gehackt
30 g Engelwurz, gehackt
185 g dunkle Schokolade, geraspelt

Den Backofen auf 180 Grad (Gas Stufe 4) vorheizen. Ein paar Backbleche einfetten und mit Pergamentpapier belegen. Butter, Sahne, Zucker, Zitronenschale und -saft in einen großen Topf füllen und auf mittlerer Hitze rühren, bis alles geschmolzen ist. Den Topf vom Herd nehmen und Mehl, Mandeln, Zitronat und Orangeat und Engelwurz einrühren. Die Mischung mit einem Teelöffel auf die Backbleche verteilen. Ausreichende Abstände beachten. Eine Gabel in kaltes Wasser tauchen und die Portionen flachdrücken (6 cm ⌀).

10 bis 12 Minuten backen, bis die Ränder braun werden. Ein paar Minuten auf dem Blech abkühlen lassen. Dann auf einem Kuchengitter völlig auskühlen lassen. Die Schokolade über einem heißen Wasserbad schmelzen. Die flache Seite der Florentiner mit der Schokolade bestreichen. Mit einer Gabel Linien in die Schokolade ziehen. Fest werden lassen und auf einen Teller legen.

Ergibt 28 Stück

INGWERWAFFELN

125 g Butter
125 g hellbrauner Zucker
125 g Golden Syrup
4 TL Zitronensaft
4 TL Brandy
125 g Mehl
1 TL gemahlener Ingwer

Butter, Zucker, Sirup, Zitronensaft und Brandy in einen Topf füllen und auf mittlerer Hitze rühren, bis die Butter geschmolzen und der Zucker aufgelöst ist. Den Topf vom Herd nehmen, Mehl und Ingwer hineinsieben und gut verrühren. Die Masse ganz abkühlen lassen.

Den Backofen auf 190 Grad (Gas Stufe 5) vorheizen. Einige Backbleche einfetten und mit Pergamentpapier belegen. Immer nur sechs Waffeln auf einmal backen. Die Bleche in 5-Minuten-Abständen in den Ofen schieben. Das Papier kann mehrmals verwendet werden. Mit einem Teelöffel den Teig auf das Blech geben. Große Abstände halten. 8 bis 10 Minuten backen, bis die Waffeln am Rand braun werden. 6 Eßstäbchen oder Stifte bereithalten.

Die Waffeln ein paar Sekunden abkühlen lassen. Mit einem Messer vom Blech heben und um die Stäbchen wickeln. Wenn die Waffeln fest sind, die Stäbchen herausziehen. Die Röllchen auf ein Tablett legen. Sollten sie zu hart werden, einfach ein paar Sekunden wieder erhitzen.

Ergibt 36 Stück

—— »AMERIKANISCHE EREMITEN« ——

125 g Butter
185 g weicher, brauner Zucker
1 Ei, geschlagen
60 ml dicke saure Sahne
60 ml Milch
250 g Mehl
2 TL Backpulver
1 Prise Salz
2 TL Mischgewürz
185 g Rosinen

GLASUR: 125 g Puderzucker, gesiebt
6 TL Sahne
Ein paar Tropfen Vanilleessenz

Den Backofen auf 180 Grad (Gas Stufe 4) vorheizen. Mehrere Backbleche einfetten. In einer Schüssel Butter und Zucker schaumig rühren. Ei, saure Sahne und Milch einrühren. Mehl, Backpulver, Salz und Mischgewürz in die Schüssel sieben. Alles gut vermengen und die Rosinen hinzufügen. Die Mischung mit gehäuften Teelöffeln auf das Blech geben. Genügend große Abstände halten. Eine Gabel in kaltes Wasser tauchen und damit die Häufchen flachdrücken. 15–18 Minuten backen, bis die Teigränder braun werden.

Inzwischen die Glasur anrühren. Puderzucker, Sahne und Vanille in einer Schüssel rühren, bis die Mischung glatt ist. Wenn die Kekse aus dem Ofen kommen, sofort mit der Zuckermischung bestreichen. Auf einem Gitter auskühlen lassen.

Ergibt 36 Stück

MADELEINES

4 Eier
185 g feiner Zucker
Ein paar Tropfen Vanilleessenz
1/2 TL Orangenblüten-Wasser
185 g Mehl
125 g Butter, geschmolzen und abgekühlt

Feiner Zucker zum Bestreuen

Den Backofen auf 200 Grad (Gas Stufe 6) vorheizen. 1 oder 2 Madeleine-Formen mit Butter einfetten und bemehlen.

Eier, Zucker, Vanille und Orangenblüten-Wasser in eine kleine Schüssel füllen. Über einem köchelnden Wasserbad rühren, bis die Mischung sehr dickflüssig ist. Die Schüssel herunternehmen und weiterrühren, bis die Masse abgekühlt ist und für 5 Sekunden am Schneebesen haftenbleibt. Dann vorsichtig zuerst das Mehl, danach die geschmolzene Butter unterziehen.

Jede Madeleine-Mulde dreiviertel füllen. 12 bis 15 Minuten backen, bis die Madeleines leicht gebräunt sind und sich elastisch anfühlen. Auf ein Kuchengitter stürzen und sofort mit dem Zucker bestreuen. Den restlichen Teig ebenso verarbeiten.

Ergibt 42 Stück

KLEINE ZITRONENBECHER

30 g Butter
30 g feiner Zucker
30 g Golden Syrup
Fein geriebene Schale einer halben Zitrone
30 g Mehl, gesiebt

FÜLLUNG: 45 g Butter
Fein geriebene Schale einer Zitrone
3 TL Zitronensaft
2 EL dicke saure Sahne
250 g Puderzucker, gesiebt

Butter, Zucker, Sirup und Zitronenschale in einen Topf füllen und auf mittlerer Stufe erhitzen.

Rühren, bis alles flüssig ist, dann das Mehl hinzufügen. Die Mischung abkühlen lassen. Den Backofen auf 190 Grad (Gas Stufe 5) vorheizen. Ein Backblech einfetten und mit Pergament- oder Backpapier auslegen. Mit einem kleinen, runden Meßlöffel 12 Häufchen Teig auf dem Blech verteilen. Auf ausreichende Abstände achten. 5 Minuten im Ofen backen, bis der Teig an den Rändern braun wird. Ein paar Sekunden abkühlen lassen. Das empfindliche Gebäck vom Blech nehmen und in kleine Bouchée-Formen setzen, damit die Plätzchen die Becherform bekommen.

Den gesamten Teig auf diese Weise verarbeiten. Für die Füllung Butter, Zitronenschale und -saft in eine Schüssel geben. Unter Rühren über einem köchelnden Wasserbad erhitzen, bis die Butter schmilzt. Die Schüssel herunternehmen. Saure Sahne und Puderzucker hinzufügen. Mit dem Schneebesen schlagen, bis die Masse kalt und dick ist. Mit einem Löffel oder Spritzbeutel die »Becher« mit der Masse füllen.

Ergibt 40 Stück

ITALIENISCHES GEBÄCK

2 Eier
155 g feiner Zucker
Fein geriebene Schale einer Zitrone
125 g Mehl, gesiebt
60 g Pinienkerne
60 g Puderzucker

Den Backofen auf 180 Grad (Gas Stufe 4) vorheizen. Mehrere Backbleche einfetten. Mit
Back- oder Pergamentpapier auslegen. Eier,
Zucker und Zitronenschale in eine Schüssel geben und über einem Wasserbad mit leise kö-
chelndem Wasser rühren, bis die Mischung dick
ist.

Die Schüssel vom Wasserbad nehmen. Weiterrühren, bis die Masse abgekühlt ist und etwa
5 Sekunden am Schneebesen hängenbleibt. Vorsichtig das Mehl unterheben. Den Teig mit einem Teelöffel auf die Bleche verteilen. Auf ausreichende Zwischenräume achten. Mit den Pi-
nienkernen bestreuen. 15 Minuten stehen-
lassen.

Puderzucker über die Kekse sieben. 15 bis 20
Minuten im Ofen backen, bis die Kekse leicht
gebräunt sind. Ein paar Minuten auf dem Blech
abkühlen lassen. Dann auf ein Kuchengitter legen, damit die Kekse ganz auskühlen.

Ergibt 44 Stück

— EIER-SCHOKOLADEN-GEBÄCK —

2 Eier
1 EL Brandy
Ein paar Tropfen Vanilleessenz
125 g Butter
125 g Schokolade, halbbitter
220 g feiner Zucker
220 g weicher, brauner Zucker
155 g Mehl
125 g Pekannüsse, gehackt

Eine flache Form (etwa 27 x 17 cm) mit Butter einfetten. Den Boden mit Pergamentpapier auslegen. Den Backofen auf 180 Grad (Gas Stufe 4) vorheizen.

Eier, Brandy und Vanille in einer Schüssel leicht verrühren. Butter und Schokolade in einen großen Topf füllen und auf mittlerer Hitze unter Rühren zum Schmelzen bringen. Den Topf vom Herd nehmen. Den weißen und den braunen Zucker, dann die Eimischung und das Mehl einrühren. Zuletzt die Pekannüsse. In die vorbereitete Form füllen und glattstreichen. 30 Minuten im Ofen backen (oder bis ein Spießchen sauber wieder aus dem Teig gezogen wird).

Die Kekse in der Form abkühlen lassen. Sobald sie kalt sind, in 24 kleine Quadrate schneiden: 4 Streifen der Länge und 6 der Breite nach durchteilen. Die Stücke mit einem Messer von der Form lösen. In einem luftdichten Behälter kann man dieses Gebäck bis zu einer Woche aufheben.

Ergibt 24 Stück

APFEL-STREUSEL-RIEGEL

BODEN: 155 g Mehl
90 g Puderzucker
125 g gemahlene Mandeln
220 g Butter
6 EL Zitronenquark

STREUSELBELAG: 1 großer roter Apfel
90 g brauner Zucker
90 g Butter
185 g Mehl, gesiebt
1 TL Mischgewürz

Feiner weißer Zucker zum Bestreuen

Den Backofen auf 180 Grad (Gas Stufe 4) vorheizen. Boden: Mehl und Zucker in eine Schüssel sieben und die Mandeln dazugeben. Die Butter einarbeiten, bis die Mischung bröselig wird. Jetzt so lange kneten, bis der Teig geschmeidig ist. Den Teig auf einer bemehlten Fläche ausrollen und in eine flache Backform von 32 x 22 cm Größe legen. Andrücken und die Oberfläche mit einer Gabel möglichst oft einstechen. Den Zitronenquark auf dem Teig verteilen. In den Kühlschrank stellen und den Streuselbelag vorbereiten.

Den Apfel grob reiben. In Küchenkrepp ausdrücken. Mit etwas Zucker in einer Schüssel vermischen. In einer anderen Schüssel Butter und Mehl vermengen, bis die Masse wie Semmelbrösel aussieht. Gewürze und geriebenen Apfel einrühren. Gleichmäßig auf den Quark streuen und leicht andrücken. 45–50 Minuten backen, bis die Oberfläche leicht gebräunt ist. In der Form abkühlen lassen, dann in Stücke schneiden und mit Zucker bestreuen.

Ergibt 30 Stück

ZITRONENGEBÄCK

BODEN: 250 g Butter
90 g Puderzucker, gesiebt
250 g Mehl, gesiebt
60 g Kartoffelmehl

ZITRONENBELAG:
Fein geriebene Schale von 3 Zitronen
250 g feiner Zucker
3 Eier
45 g Mehl, gesiebt
3/4 TL Backpulver
9 TL Zitronensaft, durchgeseiht

Puderzucker zum Bestreuen

Den Backofen auf 180 Grad (Gas Stufe 4) vorheizen.

Boden: Butter und Zucker in einer Schüssel schaumig rühren. Mehl und Kartoffelmehl hineinsieben. Zu einem weichen Teig verarbeiten. In eine flache Backform (32 x 22 cm) füllen, mit Plastikfolie bedecken und mit dem Löffelrücken glätten. Die Folie entfernen. Den Teig mit einer Gabel einstechen. 30 Minuten kühlen. Dann 15–20 Minuten backen, bis die Oberfläche leicht gebräunt ist. Aus dem Ofen nehmen.

Belag: Zitronenschale, Zucker und Eier in eine Schüssel geben und glattrühren. Mehl und Backpulver darauf sieben und unter die Eimasse ziehen. Zitronensaft einrühren. Die Mischung auf den Teigboden geben und die Form wieder in den Ofen schieben. 25 Minuten backen – leicht bräunen – und in der Form abkühlen lassen. In 10 breite und 3 lange Streifen schneiden. Mit Puderzucker bestreuen.

Ergibt 30 Stück

NUSSIGE RIEGEL

185 g Butter
90 g Zucker
90 g schwarzer Sirup
Fein geriebene Schale einer großen Orange
250 g Haferflocken
125 g Walnüsse, gehackt

Den Backofen auf 200 Grad (Gas Stufe 6) vorheizen. Eine flache Form (27 x 17 x 3 cm) mit
Butter einfetten. Butter, Zucker, Sirup und
Orangenschale in einen großen Topf füllen und
bei mittlerer Hitze rühren, bis alles geschmolzen ist.

Haferflocken und Walnüsse einrühren. Die
Masse in die vorbereitete Form füllen und glattstreichen. 20–25 Minuten backen, bis die Oberfläche leicht gebräunt ist. Aus dem Rohr
nehmen und 5 Minuten abkühlen lassen. Dann
20 Riegel anzeichnen: Einmal der Länge nach
und neun mal der Breite nach einschneiden. In
der Form ganz auskühlen lassen.

Das kalte Gebäck vorsichtig auf ein Brett legen.
An den markierten Linien ganz durchschneiden.

Ergibt 20 Stück

LINZERTORTE-SCHNITTEN

250 g Mandeln
315 g Mehl
Eine Prise Salz
1 1/2 TL Mischgewürz
155 g Puderzucker
Fein geriebene Schale einer großen Zitrone
315 g Butter, in kleine Stücke geschnitten
3 Eidotter
340 g Himbeermarmelade
1 Ei
2 TL Milch
2 TL feiner Zucker
60 g Mandelblättchen

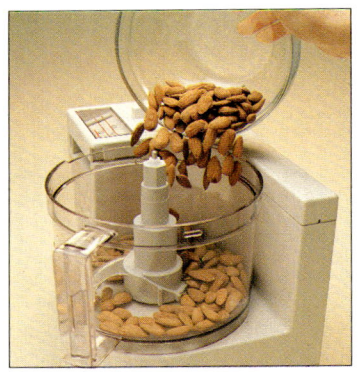

Die Mandeln fein mahlen.

In eine große Schüssel geben. Mehl, Salz, Gewürz und Puderzucker in die Schüssel sieben. Zitronenschale dazugeben und alles vermengen. Eine Vertiefung in die Mitte drücken und Butter und Eidotter hineinfüllen. Alles zu einem weichen, glatten Teig verkneten. Mit Plastikfolie zudecken und 30 Minuten in den Kühlschrank stellen. Den Backofen auf 200 Grad (Gas Stufe 6) vorheizen. Die Teigmenge halbieren. Eine Hälfte auf einer bemehlten Unterlage ausrollen. In eine flache Backform (32 x 22 cm) legen.

Die Marmelade auf den Teig streichen. Die zweite Teighälfte ausrollen und auf die Marmelade decken. Ei, Milch und Zucker leicht schlagen und den Teig damit bestreichen. Die Mandelblättchen darauf streuen. 10 Minuten backen, dann die Temperatur auf 180 Grad (Gas Stufe 4) senken und weitere 40 Minuten goldbraun backen. In der Form abkühlen lassen. In 3 lange und 10 breite Streifen schneiden.

Ergibt 30 Stück

FRUCHTSTÜCKE

185 g Butter
60 g brauner Zucker
90 g Golden Syrup
250 g Haferflocken
90 g getrocknete Aprikosen, gehackt
90 g entsteinte Datteln, gehackt
90 g entsteinte Pflaumen, gehackt

Den Backofen auf 200 Grad (Gas Stufe 6) vorheizen. Eine flache Backform (27 x 17 x 3 cm) mit Butter einfetten. Butter, Zucker und Sirup in einen großen Topf füllen und auf mittlerer Stufe unter Rühren erhitzen, bis die Zutaten geschmolzen sind.

Die Haferflocken einrühren und die Hälfte der Masse in die vorbereitete Form füllen. Mit einem Löffelrücken glattstreichen. In einer Schüssel Aprikosen, Datteln und Pflaumen vermengen. Gleichmäßig über die Teigschicht streuen und mit dem restlichen Teig bestreichen. Mit einem Löffelrücken gut andrücken und glätten.

20–25 Minuten im Ofen backen, bis die Oberfläche leicht gebräunt ist. 5 Minuten in der Form abkühlen lassen, dann 24 Quadrate anzeichnen: 4 Längs- und 6 Querstreifen einschneiden. In der Form ganz erkalten lassen, die Stücke ganz durchschneiden und vorsichtig mit einem Messer herausheben.

Ergibt 24 Stück

KARAMELKUCHEN

BODEN: 250 g Mehl
1 Prise Salz
60 g feiner Zucker
185 g Butter

KARAMEL: 125 g Butter
400 g Dosenmilch
2 TL Instantkaffee (Granulat)
60 g Zucker
60 g Golden Syrup

BELAG: 185 g dunkle Schokolade, geschmolzen
30 g weiße Schokolade, geschmolzen

Den Backofen auf 180 Grad (Gas Stufe 4) vorheizen. Teig: Mehl, Salz und Zucker in eine Schüssel sieben. Butter einrühren, bis die Masse bröselig aussieht. Alle Zutaten zu einem weichen Teig verarbeiten. Auf einer bemehlten Unterlage ausrollen. In eine flache Backform (32 x 22 cm) legen. Gut andrücken und mit einer Gabel wiederholt einstechen. 30 Minuten in den Kühlschrank stellen. 25–30 Minuten backen, bis die Oberfläche leicht gebräunt ist. Abkühlen lassen.

Karamel: Die Zutaten in einem schweren Topf auf mittlerer Hitze rühren, bis sie geschmolzen sind. Unter Rühren vorsichtig zum Kochen bringen. Kochen, bis die Masse dick wird und zähe Fäden zieht. Auf den Kuchenboden streichen und erkalten lassen. Mit einer Glasur aus dunkler Schokolade überziehen. Die weiße Schokolade in einen Spritzbeutel füllen und ein kleines Loch in die Spitze schneiden. Linien auf die dunkle Schokolade zeichnen. Mit einem Hölzchen durch die Linien fahren.

Ergibt 48 Stück

SCHOKO-ROSINEN-ECKEN

220 g Mehl
1 Prise Salz
30 g Kartoffelmehl
60 g Vanillezucker
185 g Butter
60 g Rosinen, gehackt
250 g dunkle Schokoladenglasur, gehackt

Den Backofen auf 180 Grad (Gas Stufe 4) vorheizen. Mehl, Salz, Kartoffelmehl und Vanillezucker in eine Schüssel sieben. Mit der Butter
vermengen, bis die Mischung bröselig ist. Die
Rosinen hinzufügen. Alles zu einem weichen
Teig verkneten.

Den Teig auf einer bemehlten Fläche zu einem
Rechteck ausrollen. In eine flache Backform
(27 x 17 x 3 cm) geben. Die Oberfläche glätten
und mit einer Gabel einstechen. 25–30 Minuten
backen, bis der Teig leicht gebräunt ist. Ein
paar Minuten abkühlen lassen, dann mit einem
scharfen Messer 28 Quadrate anzeichnen.
(4 lange, 7 breite Streifen). Ganz auskühlen
lassen.

Die Quadrate ganz durchschneiden. Die Schokolade über einem köchelnden Wasserbad
schmelzen. Die Quadrate in die Schokolade
tauchen und am Rand der Schüssel abstreifen.
Ein Backblech mit Alufolie bedecken und die
Schokoladenecken darauflegen. An einem kühlen Platz fest werden lassen. Restliche Schokolade zum Verzieren verwenden.

Ergibt 28 Stück

KIRSCHRINGE

60 g Haselnüsse, enthäutet
155 g Zucker
125 g Butter
1 Ei
375 g Mehl
1 Prise Salz
1 TL Backpulver
185 g kandierte Kirschen, halbiert und in
   dünne Scheiben geschnitten

GLASUR: 1 kleines Ei, geschlagen
3 TL Milch
2 TL Zucker

Zucker zum Bestreuen

Ein kleines Backblech einölen. Nüsse und 60 g
Zucker in einen Topf geben und bei kleiner Hitze rühren, bis der Zucker karamelisiert. Die
Nüsse auf das Blech legen. Wenn sie kalt sind,
fein mahlen und sieben. Den Backofen auf 180
Grad (Gas Stufe 4) vorheizen. Mehrere Backbleche einfetten. Butter und restlichen Zucker in
einer Schüssel verrühren. Das Ei und die gesiebten Nüsse hinzufügen. Mehl, Salz und Backpulver auf die Mischung sieben. Mit dem Löffel
vermengen, dann mit der Hand zu einem glatten, weichen Teig verkneten.

Auf einer bemehlten Unterlage 3 mm dick ausrollen. Mit einer Form (6 cm ∅) runde Scheiben ausstechen, dann mit einer 1-cm-Form die
Mitte herausstechen. Die Ringe auf das Blech
legen, Teigreste wieder verkneten, ausrollen
und erneut ausstechen. Die Glasur anrühren
und die Ringe damit bestreichen. Die Kirschen
darauf verteilen. 15–20 Minuten backen, bis die
Ringe leicht gebräunt sind. Mit Zucker bestreuen, auskühlen lassen.

Ergibt 38–40 Stück

SHREWSBURY-KEKSE

155 g Butter
155 g Zucker
1 Ei
375 g Mehl
Ein paar Tropfen Vanilleessenz
1 TL Backpulver
1 Prise Salz

Butter und Zucker in einer Schüssel schaumig rühren. Ei und Vanilleessenz hinzufügen, Mehl, Backpulver und Salz dazusieben und alles mit einem Löffel vermengen. Mit der Hand zu einem weichen, glatten Teig kneten.

Den Teig in Plastikfolie oder Pergamentpapier wickeln und 45 Minuten kühlen. Auf einer bemehlten Fläche 3 mm dick ausrollen. Mit einer runden Form (6 cm ∅) möglichst viele Kekse ausstechen und auf ein Blech legen. Den restlichen Teig kneten und wieder ausrollen. (Insgesamt sollte man 44 Kekse erhalten.) Die Kekse 30 Minuten in den Kühlschrank legen. Den Ofen auf 180 Grad (Gas Stufe 4) vorheizen.

Die Kekse 15–20 Minuten backen, bis sie leicht gebräunt sind. Mit einem breiten Messer vorsichtig vom Blech lösen und auf einem Gitter auskühlen lassen.

Ergibt 44 Stück

Hinweis: Man kann das Gebäck nach dem Backen mit Puderzucker bestreuen.

SABLÉS

155 g Mehl
1 Prise Salz
60 g Zucker
60 g gemahlene Mandeln
Fein geriebene Schale einer Zitrone
90 g Butter
2 Eidotter
Puderzucker zum Bestreuen

Mehrere Bleche mit Butter einfetten. Mehl, Salz und Zucker in eine Schüssel sieben. Mandeln und Zitronenschale hinzufügen und alles mit der Butter verrühren. Wenn die Masse bröselig aussieht, die Eidotter dazugeben und alles zu einem weichen Teig kneten.

Auf einer bemehlten Fläche 3 mm dick ausrollen. Mit einem rechteckigen Teigroller 32 Stücke ausschneiden. Oder mit einem Messer oder einem Teigrädchen 7,5 cm breite Streifen längs und 4,5 cm breite Streifen quer schneiden. Die Rechtecke auf die Bleche legen und 30 Minuten kühlen. Den Backofen auf 180 Grad (Gas Stufe 4) vorheizen.

Die Sablés 15 bis 20 Minuten backen, bis sie leicht gebräunt sind. Dann mit einem Messer vorsichtig vom Blech lösen und auf einem Gitter ganz auskühlen lassen. Wenn sie kalt sind, mit Puderzucker bestreuen.

Ergibt 32 Stück

ZUCKER-GEWÜRZ-KEKSE

250 g Mehl
1 Prise Salz
1/2 TL Zimt, gemahlen
1/4 TL Allgewürz, gemahlen
1/4 TL Macis, gemahlen
1/4 TL Gewürznelken, gemahlen
1/2 TL Backpulver
125 g feiner Zucker
125 g Butter
1 Ei, geschlagen

GLASUR: 1 kleines Ei, geschlagen
3 TL Milch
2 TL feiner Zucker
6 TL grober Zucker

Mehrere Backbleche einfetten. Mehl, Salz, Gewürze, Backpulver und Zucker in eine Schüssel sieben. Mit der Butter vermengen, bis die Masse bröselig aussieht. Das Ei dazugeben und alles von Hand zu einem weichen Teig kneten. 3 mm dick ausrollen und mit verschiedenen Förmchen ausstechen. Auf ein Blech legen und die Teigreste neu ausrollen. Insgesamt 32 Kekse ausstechen. 30 Minuten in den Kühlschrank legen. Den Backofen auf 180 Grad (Gas Stufe 4) vorheizen.

Glasur: In einer kleinen Schüssel Milch, Ei und feinen Zucker verrühren. Die Kekse mit der Mischung bestreichen und mit der Hälfte des groben Zuckers bestreuen. 15-20 Minuten backen, bis der Teig leicht gebräunt ist. Die Kekse aus dem Ofen nehmen und mit dem restlichen Zucker bestreuen. Vorsichtig vom Blech ablösen und auf einem Kuchengitter auskühlen lassen.

Ergibt 32 Stück

HASELNUSS-SPECULAAS

250 g Haselnüsse
125 g gemahlene Mandeln
185 g feiner Zucker
185 g Puderzucker, gesiebt
2 TL Zitronensaft
1 Ei, geschlagen

TEIG: 250 g Mehl
3/4 TL Backpulver
1 TL Mischgewürz
90 g weicher, hellbrauner Zucker
125 g Butter
2 kleine Eier
1 EL Milch
2 TL feiner Zucker
20 blanchierte Mandeln, halbiert

Haselnüsse enthäuten, anrösten und mahlen. Mit Mandeln und beiden Zuckersorten in eine Schüssel füllen. Mit Zitronensaft und Ei zu einer festen Paste vermengen. Eine Unterlage mit Puderzucker bestreuen und die Paste darauf kneten, bis sie geschmeidig ist. In zwei Portionen teilen und jede zu einer etwa 20 cm langen Rolle formen. Einwickeln und 30 Minuten in den Kühlschrank legen.

Teig: Mehl, Backpulver, Gewürze und Zucker in eine Schüssel sieben. Mit der Butter vermengen, bis die Masse bröselig aussieht. Mit einem geschlagenen Ei zu einem glatten Teig verkneten. Einwickeln und 30 Minuten kühlen. Den Backofen auf 180 Grad (Gas Stufe 4) vorheizen. Ein großes Blech mit Butter einfetten.

Den Teig auf einer bemehlten Unterlage zu einem knapp 30 cm großen Quadrat ausrollen. Die Kanten geradeschneiden. Das Quadrat einmal längs durchteilen. Das restliche Ei schlagen und den Teig damit bestreichen. Auf jeden Streifen eine Haselnuß-Rolle legen. Den Teig um die Nußmasse wickeln, so daß sie ganz umhüllt ist. Die Rollen so auf das Blech legen, daß die offene Kante nach unten kommt.

Das restliche geschlagene Ei mit Milch und Zucker vermischen und die Rollen damit bestreichen. Die Mandeln in einer Reihe auf die Rollen legen und auch mit der Glasur bestreichen.

30–35 Minuten im Ofen backen, bis die Oberfläche goldbraun ist. Die Rollen vorsichtig vom Blech nehmen und auf ein Kuchengitter legen. Auskühlen lassen und die Rollen dann diagonal in dünne Scheiben schneiden. Immer zwischen zwei Mandeln durchschneiden.

Ergibt 40 Stück

MANDELBLÜTEN

250 g gemahlene Mandeln
125 g feiner Zucker
125 g Puderzucker, gesiebt
1 TL Rosenwasser
1 TL Orangenblüten-Wasser
Ein paar Tropfen Mandelessenz
3 Eidotter

GLASUR: 60 g Zucker
9 TL warmes Wasser
2 Eidotter

ZUM VERZIEREN: 12 Walnußviertel
7 blanchierte Mandeln, halbiert
8 enthäutete Pistazienkerne, halbiert

Gemahlene Mandeln und beide Zuckersorten mischen und eine Vertiefung in die Mitte drücken. Die Aromastoffe und Eidotter hineingeben und alles langsam zu einer festen Paste verkneten. In Plastikfolie wickeln und beiseite legen. Glasur: Den Zucker in 1 EL kaltem Wasser auflösen. Kochen, bis der Zucker karamelisiert. Warmes Wasser dazugießen, damit er sich wieder auflöst. Abkühlen lassen und die Dotter einrühren. Den Backofen auf 230 Grad (Gas Stufe 8) vorheizen und mehrere Bleche mit Backpapier belegen.

Die Mandelpaste 5 mm dick ausrollen. Mit einem Blütenförmchen (5 cm) möglichst viele Kekse ausstechen. Die Teigreste wieder kneten, ausrollen und ausstechen. Auf die Bleche legen und mit der Glasur bestreichen. Nüsse und Mandeln auf die Kekse verteilen. 5 Minuten im Ofen backen, bis die Kekse leicht gebräunt sind. Auf dem Blech auskühlen lassen.

Ergibt 42 Stück

FEUERRÄDER

185 g Butter
185 g Zucker
Ein paar Tropfen Vanilleessenz
2 Eier
560 g Mehl
2 TL Backpulver
Salz
1 TL Brandy
2 TL Kakaopulver
1 Eiweiß, leicht geschlagen

Butter und Zucker gleichmäßig auf zwei Schüsseln verteilen.

Vanilleteig: Die erste Portion Butter und Zucker schaumig rühren. Vanilleessenz und 1 Ei hinzufügen. Die Hälfte des Mehls, 1 TL Backpulver und 1 Prise Salz in die Schüssel sieben. Mit einem Löffel vermengen, mit der Hand kneten. Einwickeln und 45 Minuten kühlen. Aus der restlichen Butter und dem Zucker den Schokoladenteig machen. Das zweite Ei und den Brandy hinzufügen, Kakaopulver, Mehl und Salz in die Schüssel sieben. Kneten und den Teig einwickeln. 45 Minuten kühlen. Beide Teigportionen getrennt ausrollen (etwa 32 x 27 cm).

Den Vanilleteig mit Eiweiß bestreichen. Den Schokoladenteig darauflegen. Die Teigkanten geradeschneiden. Den Schokoladenteig mit Eiweiß bestreichen. Von der langen Kante her den Teig zusammenrollen. Einwickeln und eine Stunde kühlen. Den Backofen auf 180 Grad (Gas Stufe 4) vorheizen. Mehrere Bleche einfetten. Die Teigrolle in 5 mm dicke Scheiben schneiden. Diese auf die Bleche legen und 20 Minuten backen, bis sie leicht gebräunt sind. Auf Kuchengittern auskühlen lassen.

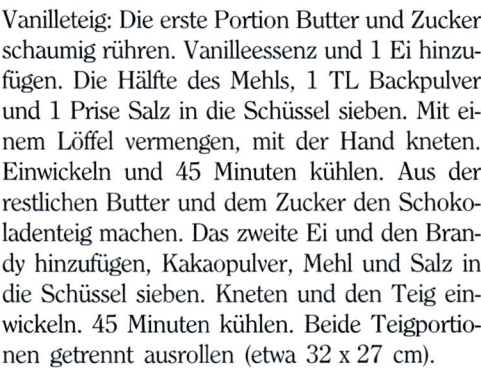

Ergibt 48 Stück

SCHOKOLADENBREZEN

60 g Bitterschokolade
125 g Butter
125 g feiner Zucker
Ein paar Tropfen Vanilleessenz
1 Ei
280 g Mehl
1 Prise Salz
1/2 TL Backpulver
1 kleines Eiweiß, leicht geschlagen
2 EL brauner Zucker

Die Schokolade über einem heißen Wasserbad schmelzen. Abkühlen lassen.

Butter und feinen Zucker in einer Schüssel schaumig rühren. Vanilleessenz, Ei und ge-schmolzene Schokolade dazugeben. Mehl, Salz und Backpulver in die Schüssel sieben. Mit ei-nem Löffel vermengen und dann mit der Hand zu einem glatten Teig kneten. In Plastikfolie wickeln und 45 Minuten kühlen. Mehrere Ble-che buttern. Den Teig in walnußgroße Portio-nen (ca. 15 g) aufteilen.

Diese zu etwa 27 cm langen Rollen formen. Je-weils die Enden nehmen (siehe Abbildung), übereinanderschlingen und gut festdrücken. Die Brezen auf die Bleche legen und 30 Minuten kühlen. Den Backofen auf 180 Grad (Gas Stu-fe 4) vorheizen. Die Brezen leicht mit Eiweiß bestreichen und mit braunem Zucker bestreu-en. 15–20 Minuten backen und auf einem Kuchengitter auskühlen lassen.

Ergibt etwa 42 Stück

LEBKUCHENMÄNNCHEN

500 g Mehl
1 Prise Salz
2 TL Ingwer, gemahlen
1 TL Mischgewürz
2 TL Speisesoda
125 g Butter
60 g weicher, brauner Zucker
60 g feiner Zucker
90 g schwarzer Sirup
60 g Golden Syrup
1 Ei, geschlagen

Den Ofen auf 180 Grad (Gas Stufe 4) vorheizen. Mehrere Backbleche mit Butter einfetten. Die trockenen Zutaten in eine Schüssel sieben und vermengen.

Eine Vertiefung in die Mitte drücken. Weißen und braunen Zucker, schwarzen Sirup und Golden Syrup in einen Topf füllen und bei mittlerer Hitze unter Rühren schmelzen. In die Mehlschüssel geben. Das Ei hinzufügen und alles zu einem glatten Teig verrühren. Auf einer bemehlten Unterlage kneten, dann 3 mm dick ausrollen. Mit einer entsprechenden Form so viele Männchen wie möglich ausstechen und auf das Blech legen. Teigreste kneten, ausrollen und ausstechen. Insgesamt sollten es 23 bis 24 Männchen werden.

20 Minuten backen, ein paar Minuten auf dem Blech auskühlen lassen, dann auf ein Kuchengitter legen. Üblicherweise läßt man die Lebkuchenmännchen so, wie sie sind. Man kann sie aber auch verzieren, ganz nach Wunsch: mit Zuckerguß oder gekauften Tortenverzierungen. Alles ist geeignet.

Ergibt 23-24 Stück

OZNEI HAMAN

125 g Butter
125 g Zucker
Ein paar Tropfen Vanilleessenz
3 Eidotter und 1 geschlagenes Ei zum Bestreichen
250 g Mehl
1 Prise Salz

MOHNFÜLLUNG: 45 g Mohnsamen, fein gemahlen
1 EL Honig
30 g Zucker
Fein geriebene Schale einer Zitrone
1 EL Zitronensaft
45 g Mandeln, gemahlen
1 kleines Ei
30 g Rosinen

Butter und Zucker in einer Schüssel schaumig rühren. Vanille und Eidotter hinzufügen. Mehl und Salz in die Schüssel sieben und alles mit einem Rührlöffel vermengen. Dann mit der Hand zu einem geschmeidigen Teig kneten. In Plastikfolie wickeln und kühlen. Füllung: Mohn, 60 ml Wasser, Honig, Zucker, Zitronensaft und -schale in einen Topf füllen. Unter Rühren zum Kochen bringen.

Mandeln, Ei und Rosinen zu dieser Mischung geben, verrühren und abkühlen lassen. Den Backofen auf 180 Grad (Gas Stufe 4) vorheizen. 2 Backbleche einbuttern. Den Teig auf einer bemehlten Unterlage 3 mm dick ausrollen. 7,5 cm große Kreise ausstechen. Auf jedes Teigstück mit einem Teelöffel Mohnmasse geben. Die Teigränder mit geschlagenem Ei bestreichen und drei Seiten zur Mitte hin klappen, so daß eine Dreiecksform entsteht (siehe Abbildung). Die gefüllten Ecken auf die Bleche legen und mit Ei bestreichen. 20–35 Minuten backen. *Ergibt 22 Stück*

KLEINE SCHMUCKSTÜCKE

90 g Butter
60 g Puderzucker, gesiebt
1 Eidotter
125 g Mehl
1 Prise Salz

ZUCKERGUSS: 1 Eiweiß
250 g Puderzucker, gesiebt
Ein paar Tropfen Speisefarbe

Butter und Puderzucker in einer Schüssel schaumig rühren. Dotter dazugeben, Mehl und Salz hineinsieben, alles mit einem Löffel vermengen und dann mit der Hand zu einem glatten Teig kneten. Einwickeln und 30 Minuten kühlen.

Den Backofen auf 180 Grad (Gas Stufe 4) vorheizen. Zwei große Bleche mit Butter einfetten. Den Teig auf einer bemehlten Unterlage 3 mm dick ausrollen. Mit einer kleinen (2 cm) Form möglichst viele Kekse ausstechen und auf die Bleche legen. Teigreste wieder kneten, ausrollen und ausstechen. 8–10 Minuten backen, bis der Teig hellbraun ist. Vom Blech nehmen und abkühlen lassen.

Zuckerguß: Das Eiweiß in einer Schüssel leicht schlagen. Den Puderzucker mit einem Schneebesen einrühren. Wenn der Eischnee ganz steif ist, in 3 oder 4 Portionen teilen und mit verschiedenen Speisefarben färben. Die Portionen in verschiedene Spritzbeutel mit Sternöffnung füllen und kleine Rosetten auf die Kekse spritzen. Trocknen lassen.

Ergibt 110 Stück

· BISCUITS MIT KANDIERTEN BLÜTEN ·

185 g Butter
90 g Puderzucker, gesiebt
Fein geriebene Schale einer Zitrone
220 g Mehl
1 Prise Salz

ZUM VERZIEREN: 5–6 kandierte Kirschen,
  nach Wunsch, in kleine Stücke geschnitten
80 kleine Engelwurz-»Blättchen«, nach Wunsch

Puderzucker zum Bestreuen

Butter und Puderzucker in einer Schüssel schaumig rühren, dann die Zitronenschale dazugeben.

Mehl und Salz in die Schüssel sieben. Die Zutaten mit der Hand zu einem weichen Teig vermengen. Auf einer bemehlten Fläche gut kneten und zu einer 30 cm langen Rolle formen. In Plastikfolie wickeln und 4–5 Stunden, oder über Nacht, in den Kühlschrank legen. (Man kann den Teig bis zu einer Woche im Kühlschrank lagern.) Den Backofen auf 180 Grad (Gas Stufe 4) vorheizen. Mehrere Bleche mit Butter einfetten.

Den gekühlten Teig diagonal in 5 mm dicke Scheiben schneiden. Diese auf die Bleche legen. Nach Wunsch mit Kirschstücken und Engelwurz-»Blättchen« verzieren. 15–20 Minuten backen, bis der Teig leicht gebräunt ist. Ein paar Minuten auf dem Blech auskühlen lassen, dann auf Kuchengitter legen. Die kalten Biscuits dünn mit Puderzucker bestreuen.

Ergibt 40 Stück

MOKKABISCUITS

375 g Butter
375 g Zucker
1 Ei
Ein paar Tropfen Vanilleessenz
1 TL Kaffeegranulat,
  in 2 TL kochendem Wasser aufgelöst
30 g Bitterschokolade, geschmolzen
470 g Mehl
Salz

Butter und Zucker in einer Schüssel schaumig
rühren. Das Ei hineinschlagen.

Die Masse gleichmäßig auf drei Schüsseln verteilen (ca. je 250 g). In die erste Schüssel
Vanilleessenz geben, in die zweite die abgekühlte Kaffeemischung, in die dritte die geschmolzene Schokolade. In jede Schüssel 155 g Mehl
und eine Prise Salz sieben. Jede Portion zuerst
mit dem Rührlöffel vermengen und dann mit
der Hand auf einer bemehlten Unterlage zu einem festen Teig kneten. Drei lange (45 cm),
glatte Rollen formen.

Die Vanille- und die Kaffeerolle nebeneinander
legen. Die Schokoladenrolle auf beide legen. Alle drei leicht zusammendrücken, halbieren und
in Plastikfolie wickeln. Mindestens 3–4 Stunden
kühlen. Den Backofen auf 180 Grad (Gas Stufe
4) vorheizen. Mehrere Bleche Mit Butter einfetten. Den Teig in 5 mm dicke Scheiben schneiden und diese auf die Bleche legen. 15–18
Minuten hellbraun backen. Auf Kuchengittern
auskühlen lassen.

Ergibt 72 Stück

JAMAICA-KNUSPERGEBÄCK

250 g Butter
185 g weicher, brauner Zucker
4 TL brauner Rum
220 g Mehl
1 Prise Salz
60 g Mandeln, gemahlen
90 g blanchierte Mandeln, leicht geröstet und
    fein gehackt
90 g Kokosraspel

Butter und Zucker in einer Schüssel schaumig rühren. Den Rum hinzufügen, Mehl und Salz in die Schüssel sieben. Gemahlene und gehackte Mandeln einrühren. Alle Zutaten zu einem Teig vermengen.

Den Teig auf einer bemehlten Fläche kneten, bis er geschmeidig ist. Zu einer glatten Rolle (etwa 37 cm lang) formen, in Plastikfolie wickeln und mindestens 3-4 Stunden kühlen.

Den Backofen auf 180 Grad (Gas Stufe 4) vorheizen. Mehrere Bleche buttern. Den gekühlten Teig in 5 mm dicke Scheiben schneiden. Diese auf die Bleche legen und mit zwei Drittel der Kokosraspel gleichmäßig bestreuen. 15-20 Minuten backen, bis die Kekse leicht gebräunt sind. Sofort herausnehmen und mit den restlichen Kokosraspel bestreuen. Die Kekse vom Blech nehmen und auskühlen lassen.

Ergibt 60 Stück

KATZENZUNGEN

60 g Butter
90 g Zucker
1 Ei, geschlagen
60 g Mehl

Den Backofen auf 220 Grad (Gas Stufe 7) vorheizen. Mehrere Bleche einfetten und mit Backpapier belegen. Butter und Zucker in einer
Schüssel schaumig schlagen. Langsam das Ei
einrühren. Das Mehl in die Schüssel sieben und
nach und nach unterrühren.

Den weichen Teig in einen Spritzbeutel mit einer 10 mm großen Öffnung füllen. 7,5 cm lange
Stränge auf das Blech spritzen. Den Teig mit einem scharfen Messer gleich an der Öffnung abschneiden, wenn die gewünschte Länge erreicht
ist. Auf ausreichende Abstände achten, da der
Teig auseinanderfließt.

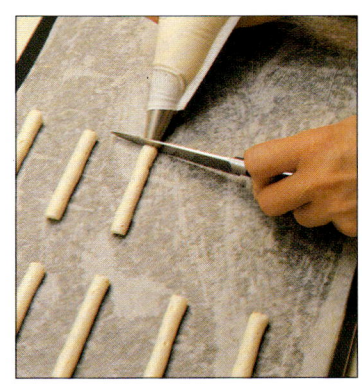

6–8 Minuten backen, bis die Teigränder goldbraun werden. Ein paar Minuten auf dem Blech
abkühlen lassen, dann die Katzenzungen ablösen und auf Gittern ganz auskühlen lassen.

Ergibt 36–40 Stück

WIENER STÄBCHEN

250 g Butter
60 g Puderzucker, gesiebt
Ein paar Tropfen Vanilleessenz
250 g Mehl
1 Prise Salz
15 g Pistazienkerne, enthäutet und gehackt

GLASUR: 60 g dunkle Schokolade, gehackt

Den Backofen auf 180 Grad (Gas Stufe 4) vorheizen. Mehrere Bleche mit Butter einfetten und leicht bemehlen.

Butter und Puderzucker in einer Schüssel schaumig schlagen. Nach Geschmack Vanilleessenz dazugeben. Mehl und Salz in eine Schüssel sieben und alles mit einem Holzlöffel zu einem weichen Teig verarbeiten. Diesen in einen Spritzbeutel mit Sternöffnung (1 cm) füllen. Streifen von 6 cm Länge auf die Bleche spritzen. Den Teig jeweils dicht an der Öffnung abschneiden. Auf ausreichende Abstände achten. Mit Pistazienkernen bestreuen.

20–25 Minuten backen, bis die Kekse leicht gebräunt sind. Ein paar Minuten auf dem Blech abkühlen lassen, dann auf ein Gitter legen. Die Schokolade über einem köchelnden Wasserbad schmelzen. Die Kekse mit beiden Enden in die flüssige Schokolade tauchen, abstreifen und auf ein Stück Alufolie legen. An einem kühlen Ort fest werden lassen.

Ergibt 24 Stück

MUSCHELKEKSE

250 g Butter
60 g Puderzucker, gesiebt
220 g Mehl
1 Prise Salz
30 g Puddingpulver
15 kandierte Kirschen, halbiert

Puderzucker zum Bestreuen

Den Backofen auf 180 Grad (Gas Stufe 4) vorheizen. Mehrere Bleche mit Butter einfetten
und leicht bemehlen. Butter und Puderzucker
in einer Schüssel locker und schaumig rühren.

Mehl, Salz und Puddingpulver in die Schüssel
sieben und mit einem Holzlöffel einrühren. Es
entsteht ein weicher Teig. Dieser wird in einen
Spritzbeutel mit Sternöffnung (1 cm) gefüllt.
30 Muschelformen auf die Bleche spritzen. Auf
ausreichende Abstände achten. An das spitzere
Ende einer jeden Muschel eine Kirschhälfte
drücken.

20–25 Minuten backen, bis die Muscheln hellbraun sind. Ein paar Minuten auf dem Blech
abkühlen lassen, dann auf Kuchengitter legen.
Wenn die Kekse ganz kalt sind, Puderzucker
dünn darüber sieben.

Ergibt 30 Stück

WIENER WIRBEL

185 g Butter
45 g Puderzucker, gesiebt
Ein paar Tropfen Vanilleessenz
1 TL Grand Marnier
185 g Mehl
1 Prise Salz

Puderzucker zum Bestreuen
1-2 TL rote Marmelade

Den Backofen auf 180 Grad (Gas Stufe 4) vorheizen. In ein Blech (siehe Abbildung) kleine Papierformen geben.

Butter und Puderzucker schlagen, bis die Masse locker und schaumig ist. Vanilleessenz und Grand Marnier dazugeben. Mehl und Salz in die Schüssel sieben und alles mit einem Holzlöffel zu einem weichen Teig vermengen. Die Masse in einen Spritzbeutel mit sternförmiger Öffnung (1 cm) füllen. Den Teig in Wirbelform in die Papierförmchen spritzen. Man beginnt in der Mitte der Form und geht in einer Spirale nach außen.

20-25 Minuten backen, bis der Teig leicht gebräunt ist. Die Wirbel in den Papierförmchen auf ein Kuchengitter legen und auskühlen lassen. Dann etwas Puderzucker darüber sieben und einen kleinen Marmeladenklecks auf jeden Wirbel setzen.

Ergibt 12-16 Stück

CIGARETTES RUSSES

60 g Butter
125 g Zucker
Ein paar Tropfen Vanilleessenz
3 Eiweiß
60 g Mehl
6 TL geschmolzene Butter, abgekühlt

Den Backofen auf 180 Grad (Gas Stufe 4) vorheizen. Mehrere Backbleche buttern. 6 saubere Bleistifte oder Holzspieße bereithalten.

Butter und Zucker in einer Schüssel schaumig schlagen. Vanilleessenz hinzugeben. Langsam das Eiweiß unterrühren. Das Mehl in die Schüssel sieben und alles zu einer glatten Masse verrühren. Die gekühlte Butter hineinmischen. Den Teig in einen Spritzbeutel mit gerader Öffnung (1 cm) füllen. 6 Portionen (4 cm ⌀) auf jedes Blech geben. Auf ausreichende Abstände achten. Jede Portion mit einem Teelöffel auseinanderstreichen (7,5 cm ⌀).

Die Bleche nacheinander für 5-6 Minuten in den Ofen schieben, bis der Teig an den Rändern goldbraun ist. Sofort herausnehmen und die Kekse um einen Spieß oder Stift wickeln. Auf einem Kuchengitter auskühlen lassen. Sobald die Röllchen die Form halten, die Spieße herausziehen. Den restlichen Teig auf die gleiche Weise verarbeiten.

Ergibt 28-30 Stück

— DREIFACHE ORANGENBISCUITS —

60 g Butter
60 g Zucker
Fein geriebene Schale einer kleinen Orange
1 TL Grand Marnier
1 Ei, geschlagen
60 g Mehl
15 g Orangeat, fein gehackt

GLASUR: 2 TL Orangenmarmelade, erhitzt und
 durch ein Sieb gestrichen
60 g Puderzucker, gesiebt
1 TL Grand Marnier
2 TL frischer Orangensaft

Den Backofen auf 220 Grad (Gas Stufe 7) vorheizen. 2 Bleche mit Butter einfetten. Butter, Zucker und Orangenschale in einer Schüssel schaumig schlagen. Zuerst Grand Marnier, dann das Ei einrühren. Mehl in die Schüssel sieben, Orangeat hineinstreuen und alles vermengen. Den weichen Teig in einen Spritzbeutel mit gerader Öffnung (1 cm) füllen. Portionen von 4 cm ⌀ in ausreichenden Abständen auf die Bleche setzen. 6–8 Minuten backen, bis der Rand und die Mitte der Biscuits trocken sind.

Inzwischen die Glasur zubereiten: Marmelade in einem kleinen Topf zum Kochen bringen. Grand Marnier, Puderzucker und Orangensaft in einer kleinen Schüssel verrühren. Sobald die Biscuits fertig sind, zuerst mit Marmelade, dann mit Zuckerguß bestreichen. Für weitere 30 Sekunden in den Ofen schieben, dann vom Blech lösen und auf einem Gitter auskühlen lassen.

Ergibt 24 Stück

BRANDYGEBÄCK

125 g Butter
185 g Zucker
2 TL Brandy
1 Ei, geschlagen
250 g Mehl
1 Prise Salz

ZUM VERZIEREN: 14 Rosinen
Puderzucker zum Sieben
60 g Puderzucker, gesiebt
3 TL Zitronensaft
Geleezitronen, in dünnen Schnitzen

Den Ofen auf 190 Grad (Gas Stufe 5) vorheizen. Mehrere Bleche mit Butter einfetten. Butter und Zucker in einer Schüssel schaumig rühren. Den Brandy hinzufügen, das Ei einrühren. Mehl und Salz in die Schüssel sieben und alle Zutaten mit einem Holzlöffel zu einem ziemlich festen Teig verarbeiten. Diesen in einen Spritzbeutel mit Sternöffnung (1 cm) füllen. Die Hälfte des Teigs in S-Form auf das Blech spritzen (5 cm lang). Genug Abstand lassen. Mit Rosinen verzieren. Den restlichen Teig in Ringe formen.

15–20 Minuten backen, bis die Kekse hellbraun sind. Vom Blech nehmen und auf Kuchengittern auskühlen lassen. Die S-Formen dünn mit Puderzucker bestreuen. In einer kleinen Schüssel Puderzucker und Zitronensaft verrühren. Diese Glasur auf die Ringe streichen. Die Zitronenschnitze darauf drücken, bevor die Glasur fest wird.

Ergibt 27-28 Stück

ZIMTSTANGEN

2 Eiweiß
250 g Zucker
4 TL Kartoffelmehl
2 TL Zimt, gemahlen
185 g Mandeln, gemahlen
30 g Kokosraspel *im Teig*

Den Backofen auf 180 Grad (Gas Stufe 4) vorheizen. Mehrere Backbleche einfetten und mit
Backpapier belegen. Das Eiweiß in einer Schüssel steif schlagen. Zucker, Kartoffelmehl und
Zimt in die Schüssel sieben. Die Mandeln dazugeben.

Alle Zutaten zu einer festen Paste verrühren. In
einen Spritzbeutel mit gerader Öffnung (1 cm)
füllen und etwa 7,5 cm lange Teigstränge auf
die Bleche spritzen. Auf ausreichende Abstände
achten. Die Stücke gleichmäßig mit Kokosraspel bestreuen.

25 Minuten backen, bis der Teig leicht gebräunt
ist. Ein paar Minuten auf dem Blech abkühlen
lassen, dann auf Kuchengitter legen und ganz
auskühlen lassen.

Ergibt 40 Stück

sehr gut
ergibt ca. 2 Bleche

SPRITZGEBÄCK

250 g Butter
250 g Zucker
Ein paar Tropfen Vanilleessenz
2 Eier
440 g Mehl
1 Prise Salz

ZUM VERZIEREN: Kandierte Kirschen, Engelwurz-
»Blätter«, kleine kandierte Früchte, gehackte Nüsse

Feiner Zucker zum Bestreuen, gefärbter Zucker,
Puderzucker – je nach Geschmack

Den Ofen auf 190 Grad (Gas Stufe 5) vorheizen.
Mehrere Backbleche mit Butter einfetten. Butter und Zucker in einer Schüssel schaumig
schlagen. Vanilleessenz und Eier einrühren.
Mehl und Salz in die Schüssel sieben. Alle Zutaten mit einem Holzlöffel zu einem ziemlich festen Teig vermengen. Diesen in eine Teigpresse
füllen. Am besten formt man den Teig dazu auf
einer bemehlten Unterlage zu einer langen Rolle. Die gewünschten Formen auf die Backbleche spritzen.

Je nach Geschmack verziert man die Kekse vor
dem Backen mit kleinen Kirschstücken, Engel-
wurz-»Blättern«, kandierten Früchten oder mit
Nüssen. 12-15 Minuten backen, bis das Spritzgebäck leicht gebräunt ist. Auf Kuchengitter legen und auskühlen lassen. Noch heiß mit
Zucker oder gefärbtem Zucker bestreuen, in
kaltem Zustand mit Puderzucker.

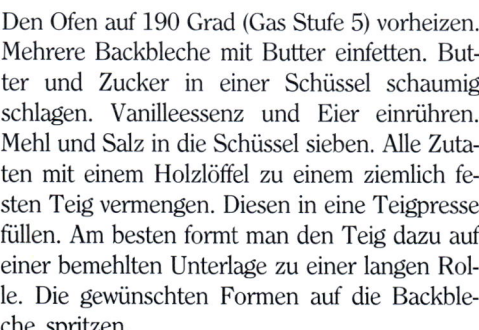

Ergibt 120 Stück

WÜRZIGES SPRITZGEBÄCK

125 g Butter
125 g Puderzucker, gesiebt
Fein geriebene Schale einer Zitrone
1 Ei
250 g Mehl
1 Prise Salz
2 TL Ingwer, gemahlen

Den Backofen auf 190 Grad (Gas Stufe 5) vorheizen. Mehrere Bleche mit Butter einfetten. Butter, Puderzucker und Zitronenschale in einer Schüssel schaumig schlagen. Das Ei einrühren.

Mehl, Salz und Ingwer in die Schüssel sieben. Alle Zutaten mit einem Holzlöffel zu einem ziemlich festen Teig vermengen. Den Teig in eine Presse füllen. Die gewünschten Formen auf ein Backblech spritzen. 12–15 Minuten backen, bis die Kekse leicht gebräunt sind. Auf Kuchengittern auskühlen lassen.

Ergibt 60 Stück

Variante: 2 TL Mischgewürz mit dem Mehl vermengen. Entweder geriebene Schale einer Orange zu der Butter oder 60 g bittere Schokolade (geschmolzen und abgekühlt) zum geschlagenen Ei geben. Die Kekse gar nicht verzieren oder wie die auf Seite 63. Das Gebäck kann man auch zweifarbig gestalten: Man füllt zusätzlich Schokoladenteig in die Presse, schiebt also 2 Teigrollen hinein.

KOKOSSANDWICHES

2 Eiweiß
185 g Zucker
4 TL Kartoffelmehl
185 g Kokosraspel

FÜLLUNG: 30 g Butter
30 g Golden Syrup
125 ml Dosenmilch
Ein paar Tropfen Vanilleessenz

Den Backofen auf 180 Grad (Gas Stufe 4) vorheizen. Mehrere Backbleche einfetten und mit
Backpapier belegen.

In einer Schüssel die Eiweiß steif schlagen,
dann Zucker, Kartoffelmehl und Kokosraspel
unterziehen. Die Zutaten vorsichtig zu einer
weichen Paste kneten. Eine Unterlage mit Kartoffelmehl bestäuben und den Teig darauf 5 mm
dick ausrollen. Kleine Kreise (5 cm ∅) ausstechen. In ausreichenden Abständen auf die Bleche legen. Teigreste neu kneten, ausrollen und
ausstechen. Die Menge reicht für 24–28 Portionen.

20–25 Minuten backen. Nur leicht braun werden lassen. Auf den Blechen auskühlen lassen.
Die Zutaten für die Füllung in einen schweren,
kleinen Topf füllen. Bei mittlerer Hitze rühren,
bis die Masse sehr zähflüssig ist. Vorsichtig arbeiten, da sie leicht anbrennt. Auf einen Keks
streichen und jeweils einen zweiten darauf
decken.

Ergibt 12–14 Stück

ORANGEN-SCHOKOLADEN-RINGE

125 g Butter
125 g weicher, brauner Zucker
1 Ei, geschlagen
250 g Mehl
1/2 TL Backpulver
1 Prise Salz

GLASUR: 185 g dunkle Schokoladenglasur,
  geschmolzen

FÜLLUNG: 45 g Butter
9 TL Sahne
185 g Puderzucker, gesiebt
Fein geriebene Schale einer Orange
3 TL Grand Marnier

Den Backofen auf 180 Grad (Gas Stufe 4) vorheizen. Mehrere Bleche mit Butter einfetten. Butter und Zucker in einer Schüssel schaumig rühren, das Ei dazugeben. Die restlichen Zutaten in die Schüssel sieben. Alles zunächst mit einem Löffel, dann mit der Hand zu einem weichen Teig verkneten. Auf einer bemehlten Fläche 3 mm dick ausrollen. Mit einem Förmchen (5 cm ∅, gezackter Rand) möglichst viele Kekse ausstechen, auf ein Blech legen. Mit einer kleineren Form (2 cm) die Mittelstücke herausstechen. Die Teigreste kneten, ausrollen und wieder ausstechen.

15 Minuten backen, bis die Ringe leicht gebräunt sind, abkühlen lassen. Die Hälfte der Ringe mit Schokoladenglasur bestreichen. Butter und Sahne in eine Schüssel füllen, über einem heißen Wasserbad rühren, bis die Butter schmilzt. Herunternehmen, Puderzucker, Orangenschale und Grand Marnier einrühren. Schlagen, bis die Masse abkühlt und dick wird. Die restlichen Ringe damit bestreichen, auf die Schokoladenringe drücken.

Ergibt 24 Stück

VANILLEPLÄTZCHEN

BISCUITTEIG: 125 g Butter
60 g Zucker
1 Ei, geschlagen
Ein paar Tropfen Vanilleessenz
220 g Mehl
30 g Speisestärke
1/2 TL Backpulver
1 Prise Salz

VANILLEFÜLLUNG: 60 g Butter
125 g Puderzucker, gesiebt
1 Eidotter
Ein paar Tropfen Vanilleessenz

Puderzucker zum Bestreuen

Den Backofen auf 180 Grad (Gas Stufe 4) vorheizen. Mehrere Backbleche mit Butter einfetten. In einer Schüssel Butter und Zucker
schaumig schlagen. Dann langsam das Ei und
etwas Vanilleessenz einrühren. Die restlichen
Zutaten in die Schüssel sieben und zuerst alles
mit einem Holzlöffel, dann mit der Hand zu einem weichen Teig kneten. Auf einer bemehlten
Fläche 3 mm dick ausrollen. Die Oberfläche mit
einer Teigrolle verzieren.

Mit einer Blütenform möglichst viele Plätzchen
ausstechen. Den restlichen Teig wieder kneten,
ausrollen und ausstechen (insgesamt 48 Blüten).
15 Minuten backen, bis der Teig leicht gebräunt
ist. Die Plätzchen auf Kuchengittern auskühlen
lassen. Für die Füllung Butter und Zucker
schaumig rühren. Eidotter und Vanilleessenz
dazugeben. Je zwei Plätzchen mit der Masse zusammenkleben. Mit Puderzucker bestreuen.

Ergibt 24 Stück

SCHOKOLADENTRÄUME

125 g Butter
60 g Zucker
1 Ei, geschlagen
220 g Mehl
30 g Kakaopulver
1/2 TL Backpulver
1 Prise Salz

GLASUR: 2 TL Zucker
Ein wenig Zucker zum Bestreuen
3 TL Milch

SCHOKOLADENFÜLLUNG: 90 ml Sahne
90 g dunkle Schokolade, gehackt

Den Backofen auf 180 Grad (Gas Stufe 4) vorheizen. In einer Schüssel Butter und Zucker
schaumig rühren, dann das Ei dazugeben.
Mehl, Kakaopulver, Backpulver und Salz in die
Schüssel sieben. Zuerst mit einem Löffel, dann
mit der Hand zu einem glatten Teig kneten. Auf
einer bemehlten Fläche 3 mm dick ausrollen.
Mit beliebigen Formen (ca. 5 cm) den Teig ausstechen. Die Plätzchen auf Backbleche legen.
Teigreste wieder kneten, ausrollen und ausstechen. Insgesamt sollen es 60 Plätzchen sein.

Den Zucker für die Glasur in der Milch auflösen. Die Kekse damit bestreichen. 10 Minuten
backen und mit Zucker bestreuen. Auf Gittern
auskühlen lassen. Für die Füllung Sahne und
Schokolade in einen kleinen Topf geben und
auf kleiner Stufe erhitzen, bis die Schokolade
schmilzt. Nicht kochen lassen. In eine Schüssel
füllen und fast fest werden lassen. Dann schlagen, bis die Masse locker ist. Je zwei Plätzchen
mit der Masse zusammenkleben.

Ergibt 30 Stück

HONIG-ZITRONEN-KEKSE

250 g Instantmehl
2 TL Speisesoda
2 TL Mischgewürz
60 g Zucker
125 g Butter
125 g klarer Honig

ZITRONENCREME: 60 g Butter
125 g Puderzucker, gesiebt
Fein geriebene Schale einer Zitrone
1 Eidotter
3 TL Zitronensaft

Den Backofen auf 200 Grad (Gas Stufe 6) vorheizen. Mehrere Backbleche einfetten und mit
Backpapier belegen. Mehl, Speisesoda, Gewürz
und Zucker in eine Schüssel sieben. Butter einrühren, bis die Masse bröselig aussieht. Den
Honig in einem kleinen Topf erhitzen, bis er
schmilzt (nicht heiß werden lassen). In das Mehl
gießen und alles zu einem elastischen Teig vermengen. Den Teig in haselnußgroße (ca. 7 g)
Portionen teilen, zu kleinen Kugeln rollen und
in großen Abständen auf Backbleche legen.

8-10 Minuten backen, dann auf Kuchengitter
legen und auskühlen lassen. Für die Creme Butter, Zucker und Zitronenschale schaumig schlagen. Eidotter und Zitronensaft einrühren und je
zwei Kekse mit der Creme zusammenkleben.
An einem kühlen Ort fest werden lassen.

Ergibt 28 Stück

LIMONENBISCUITS

1 Portion Biscuitteig, siehe Vanilleplätzchen, Seite 67

LIMONENCREME: 60 g Butter
125 g Puderzucker, gesiebt
Sehr fein geriebene Schale einer Limone
4 TL Limonensaft

ZUCKERGUSS: 60 g Puderzucker, gesiebt
3 1/2-4 TL Limonensaft
Ein paar Tropfen grüne Speisefarbe

Puderzucker zum Bestreuen

Den Backofen auf 180 Grad (Gas Stufe 4) vorheizen. Mehrere Backbleche mit Butter einfetten. Den Teig 3 mm dick ausrollen. Mit einer gezackten Form (5,5 cm ∅) möglichst viele Kreise ausstechen. Auf die Bleche legen und von der Hälfte der Biscuits die Mittelstücke mit einer runden Form (4 cm ∅) herausstechen. Die Teigreste wieder kneten, ausrollen und ausstechen. Darauf achten, daß man immer gerade Zahlen (maximal 44-48) erhält. 15 Minuten backen, bis der Teig leicht gebräunt ist. Auf Kuchengittern auskühlen lassen.

Limonencreme: Butter, Zucker und Limonenschale in einer Schüssel schaumig rühren. Den Limonensaft dazugeben und die Creme auf alle Biscuits streichen. Die Ringe darauf legen. Mit Puderzucker bestreuen. In einer Schüssel Zucker, Limonensaft und Speisefarbe zu einer zähen Masse verrühren. In die Mitte der Ringe füllen und fest werden lassen.

Ergibt 22-24 Stück

PASSIONSFRUCHT-BISCUITS

1 Portion Biscuitteig, siehe Vanilleplätzchen, Seite 67
(statt Vanille fein geriebene Schale einer Zitrone)

FÜLLUNG: 4 Passionsfrüchte
60 g Butter
125 g Puderzucker, gesiebt

Puderzucker zum Bestreuen

Den Backofen auf 180 Grad (Gas Stufe 4) vorheizen. Mehrere Backbleche mit Butter einfetten. Den Teig auf einer bemehlten Unterlage 3
mm dick ausrollen.

Mit einer 7,5 cm großen Form Herzen ausstechen. Die Teigreste wieder kneten, ausrollen
und ausstechen. Insgesamt 42–44 Herzen ausstechen und auf Backbleche legen. 15 Minuten
backen, bis die Herzen hellbraun sind. Auf Kuchengittern auskühlen lassen.

Füllung: Jede Passionsfrucht halbieren, das
Fruchtfleisch herausholen und in ein Nylonsieb
geben. Das Sieb auf eine Schüssel stellen. Mit
einem Löffel etwa 8 TL Fruchtsaft herauspres-
sen. In einer Schüssel Butter und Puderzucker
schaumig rühren. Den Passionsfruchtsaft hinzufügen. Je zwei Herzen mit der Füllung zusammenkleben. Leicht mit gesiebtem Zucker
bestreuen.

Ergibt 21–22 Stück

FILIGRANE BISCUITS

1 Portion Biscuitteig, siehe Vanilleplätzchen, Seite 67

FÜLLUNG: 30 g Butter
60 g Puderzucker, gesiebt
Ein paar Tropfen Vanilleessenz

ZUM VERZIEREN: Puderzucker zum Bestreuen
Je 1 EL Himbeermarmelade, Aprikosenmarmelade
   und Limonenmarmelade, durch ein Sieb gestrichen

Den Backofen auf 180 Grad (Gas Stufe 4) vorheizen. Mehrere Bleche mit Butter einfetten. Den Teig auf einer bemehlten Fläche 3 mm dick ausrollen. Mit einer dreizackigen Sternform (7,5 cm ⌀) Sterne ausstechen und auf die Bleche legen. Bei der Hälfte der Biscuits mit einer kleinen Form (siehe Abbildung) in jede Spitze eine Kreuzform stechen. Teigreste wieder kneten, ausrollen und ausstechen. Ingesamt sollte man etwa 36 Sterne, die Hälfte ganz, die andere Hälfte ausgestochen, erhalten.

15 Minuten backen, bis die Sterne hellbraun sind. Auf Kuchengittern auskühlen lassen. Für die Füllung Butter, Puderzucker und Vanilleessenz schaumig schlagen. Auf alle Sterne streichen, diese mit den ausgestochenen belegen. Leicht mit Puderzucker bestreuen. Die Marmeladen in drei kleine Spritzbeutel füllen und in die drei ausgestochenen Formen der Sterne je eine unterschiedliche Sorte geben.

Ergibt 18 Stück

WIENER ECLAIRS

**1 Portion Teig für Wiener Stäbchen, siehe Seite 56
(ohne Pistazien und Schokolade)**

**VANILLEFÜLLUNG: 60 g Butter
125 g Puderzucker, gesiebt
Ein paar Tropfen Vanilleessenz
2 EL sehr dicke, kalte Vanillecreme
1-2 EL rote Marmelade**

Puderzucker zum Bestreuen

Den Backofen auf 180 Grad (Gas Stufe 4) vorheizen. Mehrere Bleche mit Butter einfetten und mit Mehl bestreuen.

Den Teig in einen Spritzbeutel mit 12-zackiger Sternöffnung (1 cm) füllen. 32 Streifen von 6 cm Länge auf die Bleche spritzen. Den Teig kurz hinter der Öffnung jeweils abschneiden und auf genügend große Abstände zwischen den Streifen achten. 25–30 Minuten backen, bis der Teig leicht gebräunt ist. Auf den Blechen ein paar Minuten abkühlen lassen, dann auf Kuchengitter legen.

Füllung: Butter und Zucker in einer Schüssel schaumig schlagen, Vanilleessenz und Vanillecreme einrühren. Dann in einen Spritzbeutel mit der gleichen Öffnung wie beim Teig füllen. Die glatte Seite der ersten Hälfte des Streifens dünn mit Marmelade bestreichen. Darauf einen Streifen Füllung spritzen. Die zweite Hälfte der gebackenen Streifen darauf decken. Mit Puderzucker bestreuen und kühlen.

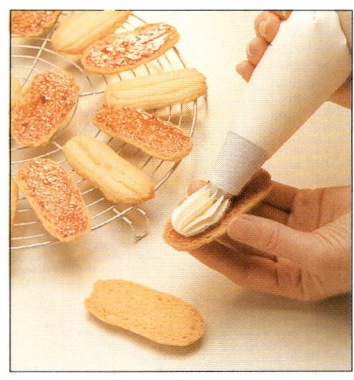

Ergibt 16 Stück

HARLEKIN-MERINGEN

2 Eiweiß
125 g Puderzucker
30 g (1 EL) gehackte, kandierte Früchte

Mehrere Backbleche einfetten und mit Backpapier belegen. Die Eiweiß in einer sauberen, völlig fettfreien Schüssel steif schlagen. Nicht zu trocken werden lassen. Etwa 1/2 EL Puderzucker hinzufügen. Rühren, bis er ganz aufgenommen und der Eischnee steif und glänzend ist. Den restlichen Zucker nach und nach dazugeben und jedesmal gut schlagen.

Den Backofen auf 140 Grad (Gas Stufe 1) vorheizen. Mit Hilfe von zwei Teelöffeln 36 kleine Portionen Eischnee auf die Bleche verteilen. Auf ausreichende Abstände achten. Auf jede Meringe ein paar Stückchen kandierte Früchte streuen.

1 1/4 Stunden backen, bis die Eimasse außen knusprig und trocken ist, innen aber noch weich. Abkühlen lassen und vom Papier nehmen.

Ergibt 36 Stück

Hinweis: Je nach Backofentyp kann es notwendig sein, eine niedrigere Temperatur zu wählen, damit die Meringen weiß bleiben.
Am besten schmecken sie ganz frisch.

KASTANIEN-MERINGEN

2 Eiweiß
125 g Puderzucker, plus 2 TL zum Bestreuen
Ein paar Tropfen Vanilleessenz
125 g kandierte Kastanien, gehackt

1 TL gesüßte Trinkschokolade (Pulver)

Mehrere Backbleche einfetten und mit Papier belegen. Den Backofen auf 140 Grad (Gas Stufe 1) vorheizen. In einer sauberen, fettfreien Schüssel die Eiweiß sehr steif schlagen. Nicht trocken werden lassen.

Etwa 1/2 EL Puderzucker dazugeben. Rühren, bis er ganz aufgelöst ist und der Eischnee steif und glänzend aussieht. Nach und nach den restlichen Zucker einrühren. Jedesmal gut schlagen. Vanilleessenz hinzufügen. Vorsichtig die gehackten Kastanien unterheben. Mit Hilfe von zwei Teelöffeln 36 kleine, ovale Formen aus Eischnee auf die Bleche setzen. Mit den 2 TL Puderzucker leicht bestreuen.

1 1/4 Stunde backen, bis die Meringen außen knusprig und trocken, aber innen noch weich sind. Abkühlen lassen. Über jede Meringe etwas Schokoladenpulver sieben. Vom Papier nehmen.

Ergibt 36 Stück

Hinweis: Die Meringen schmecken frisch am besten.

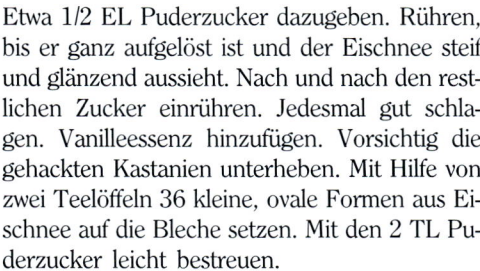

PISTAZIENRINGE

2 Eiweiß
125 g Puderzucker
15 g Pistazienkerne, enthäutet und gehackt

Mehrere Backbleche einfetten und mit Backpapier belegen. Den Backofen auf 140 Grad (Gas Stufe 1) vorheizen. Eiweiß und Puderzucker in eine saubere, fettfreie Schüssel füllen und über einem köchelnden Wasserbad rühren, bis der Eischnee dick und glänzend ist. Nicht überhitzen. Vom Wasserbad nehmen und weiter schlagen, bis die Meringenmasse ganz steif ist.

In einen Spritzbeutel mit sechszackiger Sternöffnung (1 cm) füllen. 36 kleine Ringe von etwa 6 cm Durchmesser auf die Backbleche spritzen. Jeden Ring mit Pistazien bestreuen.

1 1/2 Stunden backen, bis die Ringe trocken sind. Abkühlen lassen und vom Backpapier nehmen.

Ergibt 36 Stück

Hinweis: Je nach Herdtyp muß man vielleicht eine etwas niedrigere Temperatur wählen, damit die Meringen weiß bleiben.

SCHOKO-NUSS-MAKRONEN

Reispapier
2 Eiweiß
185 g Puderzucker
185 g Walnüsse, fein gemahlen
90 g dunkle Schokolade, gerieben
25 Walnußhälften, halbiert

Den Backofen auf 180 Grad (Gas Stufe 4) vorheizen. Mehrere Backbleche mit Reispapier belegen. Die Eiweiß in einer sauberen, fettfreien Schüssel schlagen, bis sie ziemlich steif sind.

Vorsichtig Zucker, gemahlene Walnüsse und Schokolade unterziehen. Die glatte Masse in einen Spritzbeutel mit großer (2 cm) Sternöffnung füllen. 49–50 Portionen von etwa 4 cm Durchmesser auf die vorbereiteten Bleche spritzen. Auf große Abstände achten.

Ein Walnußviertel auf jede Makrone legen. 20 Minuten backen, aus dem Herd nehmen und auf den Blechen auskühlen lassen. Wenn sie kalt sind, die Makronen vom Blech nehmen und überschüssiges Reispapier entfernen.

Ergibt 49–50 Stück

HASELNUSS-MAKRONEN

Reispapier
2 Eiweiß
185 g Haselnüsse, enthäutet und fein gemahlen
185 g Puderzucker
Fein geriebene Schale einer Zitrone
1/2 TL Zimt, gemahlen
10 kandierte Kirschen, geviertelt

Den Backofen auf 180 Grad (Gas Stufe 4) vorheizen. Mehrere Backbleche mit Reispapier belegen. Die Eiweiß in einer sauberen, fettfreien Schüssel ziemlich steif schlagen.

Vorsichtig Haselnüsse, Puderzucker, Zitronenschale und Zimt unterziehen und zu einer glatten Masse verrühren. In einen Spritzbeutel mit großer (2 cm), glatter Öffnung füllen. 40 Plätzchen (4 cm ⌀) auf die Bleche verteilen. Auf große Abstände achten. Auf jede Portion eine Viertel Kirsche drücken.

20 Minuten backen, bis der Teig leicht gebräunt ist. Die Plätzchen aus dem Ofen nehmen und auf den Blechen abkühlen lassen. Wenn sie kalt sind, vom Blech nehmen und überschüssiges Reispapier entfernen.

Ergibt 40 Stück

CAFÉSTERNE

2 Eiweiß
125 g Puderzucker
1 TL Kaffee-Essenz
28 Pekan- oder Walnüsse, halbiert

90 g dunkle Schokoladenglasur, gehackt

Den Backofen auf 140 Grad (Gas Stufe 1) vorheizen. Mehrere Backbleche einfetten und mit
Backpapier belegen.

Die Eiweiß in einer sauberen, fettfreien Schüssel steif schlagen, aber nicht zu trocken werden
lassen. Etwa 1/2 TL Puderzucker einrühren.
Wenn die Masse steif und glänzend ist, nach
und nach den restlichen Zucker hinzufügen. Jeweils gut schlagen. Die Kaffee-Essenz einrühren. Die Masse in einen großen Spritzbeutel mit
zwölfzackiger Sternöffnung (2 cm) füllen.
56 Sterne auf die vorbereiteten Bleche spritzen.
In die Mitte jedes Sterns eine Nuß drücken.

1 1/2 Stunden backen, bis die Sterne trocken
sind. Die Schokolade über einem köchelnden
Wasserbad schmelzen. Die Meringen vom Papier nehmen und jeweils mit der Unterseite etwa
0,5 cm tief in die flüssige Schokolade tauchen.
Über einen Messerrücken streifen, um überschüssige Schokolade zu entfernen. Auf dem
Backpapier fest werden lassen.

Ergibt 56 Stück

— AMARETTI —

1 Eiweiß
2 TL Amaretto di Saronno
155 g Mandeln, gemahlen
30 g Bittermandeln, blanchiert und fein gemahlen
250 g Puderzucker, gesiebt

Puderzucker zum Bestreuen

Den Backofen auf 180 Grad (Gas Stufe 4) vorheizen. Mehrere Backbleche einfetten und mit Backpapier belegen. Das Eiweiß mit dem Amaretto in einer kleinen Schüssel leicht schlagen.

Mandeln, Bittermandeln und Puderzucker in einer großen Schüssel vermengen. Eine Vertiefung in die Mitte drücken und das Eiweiß hineingeben. Alles zu einer festen Paste verrühren.

Die Masse in 36 Portionen aufteilen und jeweils zu einer Kugel rollen. Die Kugeln auf die vorbereiteten Bleche legen und 15–20 Minuten backen, bis sie leicht gebräunt sind. Aus dem Ofen nehmen und sofort mit Puderzucker bestreuen. Auf den Blechen abkühlen lassen.

Ergibt 36 Stück

MERINGENPILZE

2 Eiweiß
125 g Puderzucker
Ein paar Tropfen Vanilleessenz
60 g dunkle Schokolade, geschmolzen

1 TL Kakaopulver

Den Backofen auf 140 Grad (Gas Stufe 1) vorheizen. Mehrere Backbleche einfetten und mit Backpapier belegen. In einer sauberen, fettfreien Schüssel die Eiweiß steif schlagen, aber nicht trocken werden lassen. Etwa 1/2 EL Puderzucker einrühren, bis die Masse steif ist und glänzend aussieht.

Den restlichen Zucker nach und nach einrühren und den Eischnee jedesmal gut schlagen. Dann in einen großen Spritzbeutel mit glatter Öffnung (1 cm) füllen. Für die Pilzhüte 40 Häufchen von etwa 2,5 cm Durchmesser auf das Blech spritzen, für die Stiele 40 pyramidenförmige Häufchen.

Etwa 1 Stunde backen, bis die Meringen trocken sind. Die »Hütchen« von den Blechen nehmen und ein kleines Loch in die glatte Seite schneiden. Mit Schokolade füllen und das spitze Ende der »Stiele« hineinstecken. Die Pilze umgedreht liegenlassen, bis die Schokolade fest ist. Dann aufstellen und mit Kakaopulver bestreuen.

Ergibt 40 Stück

MINZESTÖCKCHEN

2 Eiweiß
125 g Puderzucker
1 TL Crème de Menthe
60 g Schokoladenstäbchen mit Minzegeschmack,
  fein gehackt
2 TL Schokoladenstreusel

Den Backofen auf 140 Grad (Gas Stufe 1) vorheizen. Mehrere Backbleche mit Backpapier belegen.

Die Eiweiß in einer sauberen, fettfreien Schüssel sehr steif schlagen, aber nicht zu trocken werden lassen. 1/2 EL Puderzucker dazugeben und den Eischnee schlagen, bis er steif ist und glänzend aussieht. Den restlichen Zucker in kleinen Portionen hinzufügen. Den Eischnee jedesmal gut schlagen. Dann Crème de Menthe und Schokoladenstäbchen einrühren.

Die Masse in einen großen Spritzbeutel mit gerader Öffnung (1 cm) füllen. 56 Stränge von 7,5 cm Länge auf die vorbereiteten Bleche spritzen. Mit Schokoladenstreuseln bestreuen. Etwa 1 Stunde backen, bis die Meringen trocken sind. Auf den Blechen abkühlen lassen, dann vom Papier abnehmen.

Ergibt 56 Stück

JAPANISCHE PLÄTZCHEN

2 Eiweiß
125 g Puderzucker
60 g Haselnüsse, enthäutet,
  geröstet und fein gemahlen

FÜLLUNG: 30 g Butter
45 g Puderzucker, gesiebt
1 Eidotter
30 g Haselnüsse, enthäutet, geröstet
  und fein gemahlen

Puderzucker zum Bestreuen

Backpapier für mehrere Bleche zuschneiden. 42 Kreise von 5 cm ⌀ auf das Papier zeichnen. Die Bleche einfetten und das Papier daraufflegen (Kreise nach unten). Den Backofen auf 140 Grad (Gas Stufe 1) vorheizen. Die Eiweiß in einer sauberen, fettfreien Schüssel steif schlagen, aber nicht trocken werden lassen. 1/2 EL Puderzucker dazugeben und rühren, bis der Eischnee steif und glänzend ist. Den restlichen Zucker in kleinen Portionen hinzufügen und jedesmal gut schlagen.

Die Haselnüsse unter die Meringenmasse ziehen. In einen Spritzbeutel mit gerader Öffnung (1 cm) füllen. In die angezeichneten Kreise Spiralen spritzen. 1 1/4 Stunden backen, bis die Meringen trocken sind. Auf den Blechen abkühlen lassen. Füllung: Butter und Zucker in einer Schüssel schaumig rühren. Eidotter und Nüsse hineinmischen. Die Meringen vom Blech nehmen und je zwei mit der Haselnußcreme zusammenkleben. Mit Puderzucker bestreuen.

Ergibt 21 Stück

VALENTINSTAG-HERZ

60 g Butter
30 g Puderzucker
2 Eidotter
Ein paar Tropfen Vanilleessenz
100 g Mehl
15 g Speisestärke
1/2 TL Backpulver

ZUCKERGUSS: 2 Eiweiß
375 g Puderzucker, gesiebt
Ein paar Tropfen rosa Speisefarbe

ZUM VERZIEREN: Je 1 rosa und 1 weiße Rose
1 Eiweiß, leicht geschlagen
60 g Puderzucker

Die Verzierung vorbereiten: Die Rosenblätter
vorsichtig ablösen. Dünn mit dem geschlagenen
Eiweiß bestreichen und mit Puderzucker bestreuen. Überschüssigen Zucker abschütteln.
Die Blättchen auf Pergamentpapier legen und
etwa 1 Stunde trocknen lassen.

Den Backofen auf 180 Grad (Gas Stufe 4) vorheizen. Ein großes Backblech mit Butter einfetten. Butter und Zucker in einer Schüssel
schaumig rühren. Eidotter und Vanilleessenz
einrühren. Mehl, Speisestärke und Backpulver
in die Schüssel sieben. Zuerst mit einem Rührlöffel vermengen, dann mit der Hand auf einer
bemehlten Fläche zu einem weichen Teig kneten. Zu einem Rechteck (27,5 x 22,5 cm) ausrollen und auf das Backblech legen.

Mit Hilfe einer Schablone aus Papier oder Pappe den Teig herzförmig ausschneiden. Die Teigreste entfernen und für kleine Kekse verwenden. Das Herz 20 Minuten backen, bis es ganz leicht gebräunt ist. Dann vom Blech nehmen und auf einem Kuchengitter auskühlen lassen.

Das abgekühlte Herz mit dem Kuchengitter auf ein Backblech stellen. Zuckerguß: Die Eiweiß in einer Schüssel mit 280 g Puderzucker verrühren. Die Masse soll so zäh sein, daß sie am Löffel haftet. Mit wenigen Tropfen Speisefarbe zart rosa abtönen. Den Zuckerguß auf das Herz gießen und mit einem Messer verstreichen, so daß das Herz ganz bedeckt ist. Das Herz auf dem Gitter lassen, bis der Zuckerguß ziemlich fest ist. Den überschüssigen Guß mit einem Löffel vom Blech abstreifen und in eine Schüssel geben. Mit Plastikfolie bedecken und beiseite stellen.

Kurz bevor der Guß fest ist, die vorbereiteten Rosenblätter auf das Herz legen und leicht andrücken. Den restlichen Puderzucker in den aufgefangenen Guß einrühren. In einen Spritzbeutel mit kleiner, gerader Öffnung füllen. Die persönliche Valentinstag-Mitteilung auf das Herz schreiben – wenn gewünscht. Eine hübsche Einfassung um den Rand des Herzens spritzen. Fest werden lassen.

Ergibt 1 Stück

TRADITIONELLER TEEKUCHEN

125 g Butter
30 g Puderzucker
155 g Mehl
1 Prise Salz
30 g feiner Grieß

Puderzucker zum Bestreuen

In einer Schüssel Puderzucker und Butter schaumig rühren. Grieß hinzufügen und alle Zutaten zunächst mit einem Holzlöffel, dann mit der Hand zu einem weichen Teig vermengen.

Den Teig auf einer bemehlten Fläche kneten, bis er glatt ist. Ausrollen (15 cm ⌀) und eine Teekuchen-Form/Model (17,5 cm ⌀) leicht bemehlen. Den Teig mit der glatten Seite nach unten in die Form legen. Andrücken, daß er ganz genau paßt. Vorsichtig aus der Form auf ein Blech stürzen und 1 Stunde in den Kühlschrank geben. Wenn Sie keine Form haben, den Teig einfach schön rund ausrollen, mit einer Gabel mehrmals einstechen und in die Kanten ein gleichmäßiges Muster schneiden.

Den Backofen auf 160 Grad (Gas Stufe 3) vorheizen. Den Kuchen 35–40 Minuten backen. Er sollte noch blaß sein. Aus dem Ofen nehmen und sofort mit Zucker bestreuen. Auf dem Blech 20 Minuten abkühlen lassen, dann vorsichtig auf ein Kuchengitter legen.

Ergibt 1 Stück

WEIHNACHTS-TEEKUCHEN

220 g Mehl
1 Prise Salz
30 g Speisestärke
60 g Puderzucker
250 g Butter

ZUM VERZIEREN: Etwa 37 blanchierte Mandeln
Etwa 19 Walnußhälften
7 grüne kandierte Kirschen, halbiert
5 rote kandierte Kirschen, halbiert

Puderzucker zum Bestreuen

Mehl, Salz und Speisestärke in eine Schüssel sieben. Puderzucker hinzufügen.

Butter einrühren, bis die Masse bröselig wird. Langsam zu einem weichen Teig verarbeiten. Diesen auf einer bemehlten Fläche rund ausrollen (knapp 25 cm ⌀). In eine Springform (25 cm ⌀) geben und andrücken, so daß der Teig die Form genau ausfüllt. Die Oberfläche mit einem Löffelrücken glätten und mit einer Gabel einstechen.

Zunächst die Mandeln um die äußere Kante legen. Einen Ring aus Walnußhälften, dann Ringe aus grünen und roten Kirschen hinzufügen. Den Kuchen 30 Minuten in den Kühlschrank stellen. Den Backofen auf 180 Grad (Gas Stufe 4) vorheizen. Den Kuchen 45–50 Minuten backen, bis er leicht gebräunt ist. In der Form auskühlen lassen. Mit Puderzucker bestreuen und auf eine Kuchenplatte geben.

Für 16 Personen

CHRISTBAUM-SCHMUCK

155 g Butter
90 g Puderzucker
3 Eidotter
2 TL Orangenblüten-Wasser
250 g Mehl
1 TL Backpulver

ZUM VERZIEREN: 2 Eiweiß
500 g Puderzucker, gesiebt
Eßbares Gold- und Silberglanz-Pulver
Dünne Bänder in verschiedenen Farben

Den Backofen auf 180 Grad (Gas Stufe 4) vorheizen. Mehrere Backbleche mit Butter einfetten.

Butter und Zucker in einer Schüssel schaumig schlagen. Eidotter und Orangenblüten-Wasser einrühren. Mehl und Backpulver in die Schüssel sieben. Zuerst mit einem Löffel, dann mit der Hand zu einem weichen Teig vermengen. Auf einer bemehlten Unterlage kneten, bis der Teig glatt ist. 3 mm dick ausrollen. Kreise, Sterne und Herzen (6 cm) ausstechen und auf die Bleche legen. Die Teigreste wieder kneten, ausrollen und ausstechen. Insgesamt sollten es 28 Plätzchen werden.

Mit einem Spieß ein kleines Loch 1 cm vom oberen Rand entfernt in jede Form stechen. Die Plätzchen etwa 15–18 Minuten backen, bis sie leicht gebräunt sind. Von den Blechen nehmen und auf Kuchengittern auskühlen lassen.

Verzieren: Eiweiß und 2/3 des Puderzuckers in einer Schüssel zu einer zähen Masse verrühren. Diesen Zuckerguß dünn und gleichmäßig auf jedes Plätzchen streichen. Trocknen lassen. Inzwischen den restlichen Zucker mit dem restlichen Zuckerguß verrühren und mit Plastikfolie zudecken, damit die Masse nicht austrocknet.

Auf zwei Untertassen Gold- und Silberpuder mit Wasser anrühren. Die Plätzchen damit bestreichen und 1 Stunde trocknen lassen.

Die Plätzchen verzieren, indem man den restlichen Zuckerguß entweder in kleinen Klecksen aufträgt oder mit einem Beutel aufspritzt. Trocknen lassen. Die fertigen Plätzchen auf farbige Bänder fädeln und an den Christbaum hängen. Wenn sie zu lange hängen, trocknen die Plätzchen aus. Halten Sie deshalb immer einen Vorrat in einem luftdichten Behälter bereit, um den Baum nachzuschmücken.

Ergibt 28 Stück

OSTERGEBÄCK

185 g Butter
185 g Puderzucker
3 Eidotter
4 TL Orangenblüten-Wasser
6 TL Milch
125 g Korinthen
500 g Mehl
1 Prise Salz
GLASUR: 1 Eiweiß, leicht geschlagen
6 TL Puderzucker

Den Backofen auf 180 Grad (Gas Stufe 4) vorheizen. Mehrere Backbleche mit Butter einfetten. Butter und Zucker in einer Schüssel schaumig schlagen. Eidotter, Orangenblüten-Wasser und Milch einrühren.

Die Korinthen dazugeben. Mehl und Salz in die Schüssel sieben und alle Zutaten zu einem ziemlich festen Teig vermengen. Auf einer bemehlten Fläche kneten, bis der Teig glatt ist, dann 3 mm dick ausrollen. Mit 6 cm großen Förmchen Kreise aus dem Teig stechen. Teigreste wieder kneten, ausrollen und ausstechen. Der Teig reicht für 54–56 Plätzchen.

10 Minuten backen, dann aus dem Rohr nehmen. Mit Eiweiß bestreichen und mit Puderzucker bestreuen. Die Plätzchen für weitere 5–10 Minuten in den Ofen schieben, bis sie leicht gebräunt sind. Auf Kuchengittern auskühlen lassen.

Ergibt 54–56 Stück

OSTERHÄSCHEN

125 g Butter
125 g Puderzucker
1 Ei, geschlagen
Ein paar Tropfen Vanilleessenz
60 g Kokosraspel
250 g Mehl
1 Prise Salz
1/2 TL Backpulver

Puderzucker zum Bestreuen

Den Backofen auf 180 Grad (Gas Stufe 4) vorheizen. Mehrere Backbleche mit Butter einfetten. In einer Schüssel Butter und Puderzucker
schlagen. Ei und Vanilleessenz einrühren.

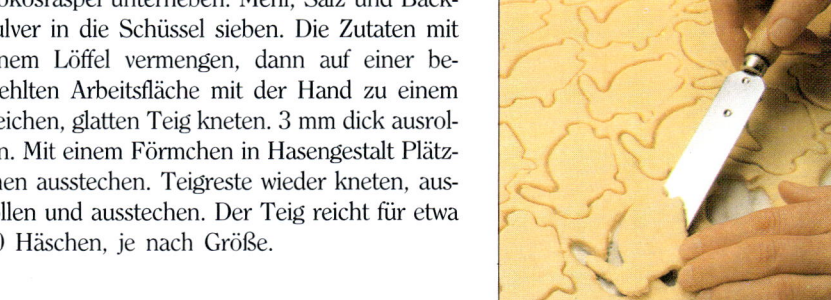

Kokosraspel unterheben. Mehl, Salz und Backpulver in die Schüssel sieben. Die Zutaten mit
einem Löffel vermengen, dann auf einer bemehlten Arbeitsfläche mit der Hand zu einem
weichen, glatten Teig kneten. 3 mm dick ausrollen. Mit einem Förmchen in Hasengestalt Plätzchen ausstechen. Teigreste wieder kneten, ausrollen und ausstechen. Der Teig reicht für etwa
60 Häschen, je nach Größe.

15 Minuten backen, bis die Hasen leicht gebräunt sind. Aus dem Ofen nehmen und auf
Kuchengittern auskühlen lassen. Wenn sie kalt
sind, mit Puderzucker bestreuen.

Ergibt etwa 60 Stück

VANILLEHÖRNCHEN

250 g Mehl
1 Prise Salz
125 g Puderzucker
155 g Mandeln, gemahlen
250 g Butter, in kleinen Würfeln
3 Eidotter
Ein paar Tropfen Mandelessenz

Puderzucker zum Bestreuen

Mehl und Salz in eine Schüssel sieben. Zucker und Mandeln dazugeben. In die Mitte der Mischung eine Vertiefung drücken.

Butterwürfel, Eidotter und Mandelessenz in die Vertiefung geben. Mit den Fingerspitzen langsam Butter und Eidotter vermengen. Allmählich Mehl, Zucker und Mandeln einarbeiten, so daß ein weicher Teig entsteht. Den Teig in Plastikfolie wickeln und 30 Minuten kühlen. Den Backofen auf 180 Grad (Gas Stufe 4) vorheizen.

Den Teig in walnußgroße Portionen (etwa 15 g) aufteilen. Jede Portion zu einer dünnen, etwa 10 cm langen Form rollen. In Hörnchenform biegen und auf nicht eingefettete Bleche legen. 15 Minuten backen, bis die Hörnchen leicht gebräunt sind. Auf den Blechen auskühlen lassen. Großzügig mit Puderzucker bestreuen. Vom Blech nehmen und auf eine Servierplatte legen.

Ergibt 42 Stück

LEBKUCHEN

WÜRZIGER HONIGTEIG: 375 g Instantmehl
2 TL Mischgewürz
1 Prise Salz
90 g heller Honig
185 g weicher, dunkelbrauner Zucker
45 g Butter
1 Ei, geschlagen
Fein geriebene Schale einer Zitrone
1 EL Zitronensaft

ZUM VERZIEREN: 250 g dunkle Schokoladenglasur,
  geschmolzen
1 Eiweiß
250 g Puderzucker, gesiebt
Eßbare Silberkügelchen

Den Backofen auf 180 Grad (Gas Stufe 4) vor-
heizen. Ein großes Backblech einfetten. Mehl,
Gewürze und Salz in eine Schüssel sieben und
eine Vertiefung in die Mitte drücken. Honig,
Zucker und Butter in einem Topf auf kleiner
Hitze rühren, bis die Mischung geschmolzen ist.
Etwas abkühlen lassen und in das Mehl gießen.
Ei, Zitronenschale und -saft hinzufügen. Alles
zu einem weichen Teig vermengen. Auf einer
bemehlten Unterlage kneten, bis der Teig glatt
ist, dann ausrollen (27,5 x 22,5 cm). Auf das
Blech legen. Mit einer Schablone ein großes
Herz ausschneiden.

Das Herz 20–25 Minuten backen, bis es leicht
gebräunt ist. Falls notwendig, in noch warmem
Zustand zurechtschneiden. Auf einem Kuchengitter auskühlen lassen. Das Gitter auf ein großes Blech stellen und das Herz mit Schokolade
bestreichen. Die Glasur fest werden lassen. In
einer Schüssel Eiweiß und Puderzucker rühren,
bis die Masse steif ist. Das Herz nach Geschmack verzieren.

Ergibt 1 Stück

LEBKUCHENHAUS

2 Portionen Honigteig, siehe Seite 93

ZUCKERGUSS: 4 Eiweiß
1 kg Puderzucker, gesiebt
2 TL Zitronensaft
2 TL Glyzerin

ZUM VERZIEREN: 1 Päckchen Fruchtdrops
20 lange, dünne Schokoladen-Minze-Stäbchen
1 Päckchen Geleefrüchte
1 Päckchen bunte Schokolinsen
22 Walnuß-Hälften
14 blanchierte Mandeln
2 kleine blättrige Schokoriegel

Den Backofen auf 180 Grad (Gas Stufe 4) vorheizen. 3 Backformen (32,5 x 22,5 cm) mit Butter einfetten (oder auf 3 x backen). Den Teig in 3 gleich große Portionen teilen und jede auf einer bemehlten Fläche rechteckig ausrollen. Die Kanten gerade schneiden und den Teig in die Formen legen. 20–25 Minuten backen, bis die Oberfläche leicht gebräunt ist. Um die einzelnen Teile ohne Hektik zuschneiden zu können, empfiehlt es sich, die Formen im Abstand von 10 Minuten in den Ofen zu schieben.

Während der Teig noch warm ist, die erste Portion nach dem Schnitt 1 (siehe Seite 97) zuschneiden, die zweite nach Schnitt 2 und einen der Weihnachtsbäume der Länge nach halbieren. Die dritte Portion nach Schnitt 3 vorbereiten. Den Teig in den Formen ganz auskühlen lassen.

Zuckerguß: Das Eiweiß leicht schlagen. Langsam Puderzucker, Zitronensaft und Glycerin einrühren, bis die Masse ganz steif ist. Die Schüssel mit einem sauberen Geschirrtuch abdecken, damit der Zuckerguß nicht austrocknet. Das Haus nach Anleitung zusammensetzen und den Guß zum Kleben verwenden. Zunächst die Stützen, etwa 0,5 cm von den Kanten entfernt, anbringen (siehe Abbildung).

Stirnseiten und Seitenwände aneinanderdrücken. Ein paar Sekunden festhalten, bis der Zuckerguß fest ist. Das Haus auf eine silberne Kuchenplatte stellen.

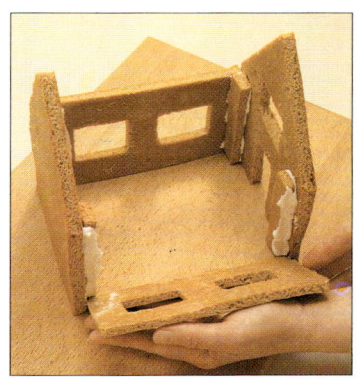

Etwas Zuckerguß auf eine Seitenwand streichen und in die Fenster ein paar Fruchtdrops kleben. Die Minzestäbchen so schneiden, daß sie oben und unten in die Fenster passen. Beide Seitenwände mit Geleefrüchten, Schokolinsen und Walnußhälften verzieren.

Vorder- und Rückseite des Hauses im selben Stil verzieren. Auf die Ecken Mandeln kleben. Die Dachteile in ihrer richtigen Position befestigen.

Den Kamin zusammensetzen und auf dem Dach anbringen. Das Dach mit Zuckerguß bestreichen. Mit Fruchtdrops und Schokolinsen verzieren.

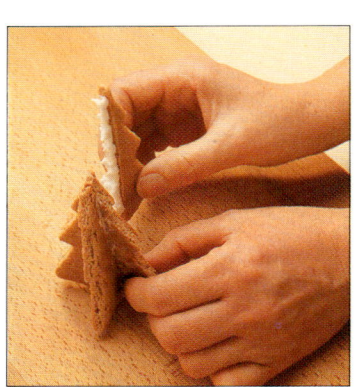

Die beiden Weihnachtsbaum-Hälften mit Zuckerguß an den ganzen Baum ansetzen. Den Baum mit Zuckerguß bedecken. Etwas Guß auf die Unterlage streichen und den Baum darauf stellen.

Die blättrigen Schokoladenriegel so abschneiden, daß sie wie Holzstämme aussehen. Die »Stämme« neben das Haus legen. Das Lebkuchenhaus über Nacht trocknen lassen. Man kann es sogar beleuchten, wenn man eine kleine Taschenlampe ins Innere schiebt.

Ergibt 1 Stück

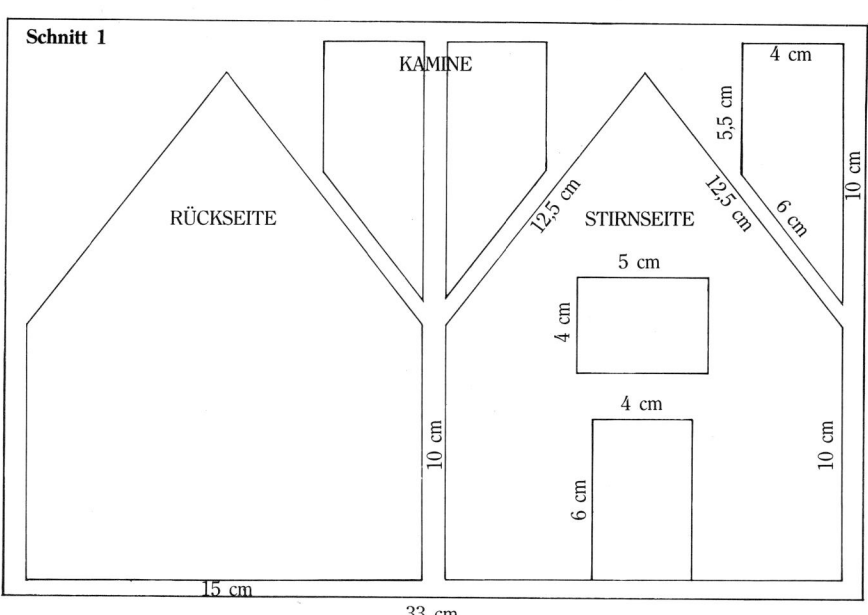

Schnitt 1

KAMINE

RÜCKSEITE

STIRNSEITE

4 cm

5,5 cm

12,5 cm

12,5 cm

6 cm

10 cm

5 cm

4 cm

4 cm

6 cm

10 cm

10 cm

10 cm

15 cm

33 cm

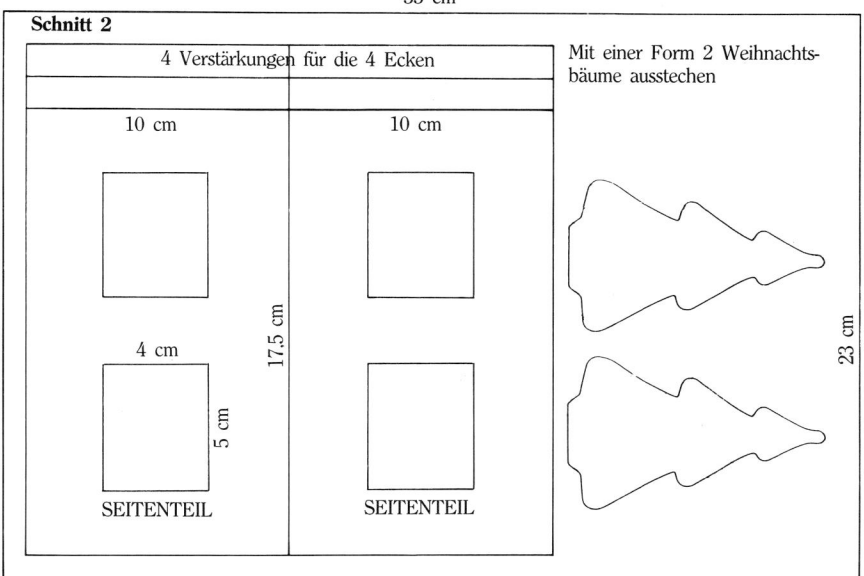

Schnitt 2

4 Verstärkungen für die 4 Ecken

Mit einer Form 2 Weihnachtsbäume ausstechen

10 cm

10 cm

17,5 cm

4 cm

5 cm

23 cm

SEITENTEIL

SEITENTEIL

Schnitt 3

15 cm

15 cm

DACHTEIL

20 cm

DACHTEIL

HAFERFLOCKEN-KEKSE

185 g Butter
155 g weicher, dunkelbrauner Zucker
Ein paar Tropfen Vanilleessenz
1 Ei
60 g Instantmehl
1 Prise Salz
1/2 TL Speisesoda
3 TL Zimt, gemahlen
250 g Haferflocken

Puderzucker zum Bestreuen

Den Backofen auf 180 Grad (Gas Stufe 4) vorheizen. Mehrere Backbleche einfetten. Butter und Zucker in einer Schüssel schaumig rühren.

Vanilleessenz und Ei dazugeben. Mehl, Salz, Speisesoda und Zimt in die Schüssel sieben und alles mit einem Löffel vermischen. Die Haferflocken hinzufügen und mit der Hand einkneten. Den Teig auf einer bemehlten Fläche 5 mm dick ausrollen. Mit einer glatten Form (6 cm ∅) möglichst viele Plätzchen ausstechen. Auf die Backbleche legen. Teigreste wieder kneten, ausrollen und ausstechen. Insgesamt 25 Plätzchen backen.

25–30 Minuten im Ofen backen, bis die Oberseiten leicht gebräunt sind. Auf den Blechen auskühlen lassen, dann auf Kuchengitter legen. Die Kekse leicht mit Puderzucker bestäuben.

Ergibt 25 Stück

MÜSLIPLÄTZCHEN

185 g Butter
90 g Puderzucker
90 g heller Honig
Fein geriebene Schale einer Orange
1 Ei
60 g Instantmehl
1 Prise Salz
375 g Müslimischung

Den Backofen auf 180 Grad (Gas Stufe 4) vorheizen. Mehrere Backbleche buttern. Butter und Zucker in einer Schüssel schaumig rühren. Honig, Orangenschale und Ei dazugeben. Mehl und Salz in die Schüssel sieben. Alles mit einem Löffel vermengen.

Die Müslimischung hinzufügen. Alle Zutaten mit der Hand zu einem weichen Teig kneten. Auf einer bemehlten Fläche 5 mm dick ausrollen. Mit einer runden Form (6 cm ⌀) möglichst viele Plätzchen ausstechen. Teigreste wieder kneten, ausrollen und ausstechen. Der Teig sollte für 29-30 Plätzchen ausreichen.

20-25 Minuten backen, bis die Oberseite leicht gebräunt ist. Ein paar Minuten auf dem Blech abkühlen lassen, dann die Plätzchen auf einem Kuchengitter ganz auskühlen lassen.

Ergibt 29-30 Stück

GEFÜLLTE HONIGPLÄTZCHEN

60 g Instantmehl
1 TL Speisesoda
60 g dunkler, brauner Zucker
185 g Haferflocken
90 g Butter
90 g heller Honig, geschmolzen und gekühlt

FÜLLUNG: 60 g Butter
90 g Puderzucker, gesiebt
1 EL heller Honig
2 TL Zitronensaft

Den Backofen auf 180 Grad (Gas Stufe 4) vorheizen. Mehrere Backbleche mit Butter einfetten.

Mehl, Speisesoda und Zucker in eine Schüssel sieben, dann die Haferflocken dazugeben. Butter einrühren, bis die Masse bröselig aussieht. Den Honig hinzufügen und alles zu einem weichen Teig verrühren. Auf einer bemehlten Fläche 3 mm dick ausrollen. Mit einer runden Form (5 cm ⌀) Plätzchen ausstechen. Teigreste wieder kneten, ausrollen und ausstechen. Der Teig sollte für 35 Plätzchen reichen. 15–20 Minuten im Ofen backen, bis die Oberseite hellbraun ist. Auf Kuchengittern auskühlen lassen.

Füllung: Butter und Zucker in einer Schüssel schaumig rühren. Zitronensaft und Honig hinzufügen. Die Mischung etwa 10 Minuten kühlen, damit sie fest wird. Je zwei Plätzchen mit der Creme zusammenfügen. Kühl lagern, damit die Füllung nicht weich wird.

Ergibt 16 Stück

WEIZENKLEIE-KEKSE

125 g Weizenkleie
90 g brauner Zucker
125 g Instantmehl
90 g Butter
60 g Korinthen
1 Ei, geschlagen
Milch zum Bestreichen

Puderzucker zum Bestreuen

Den Backofen auf 180 Grad (Gas Stufe 4) vorheizen. Mehrere Bleche buttern. Die Kleie in einem Mixer 30 Sekunden mahlen, bis sie ganz fein ist.

Zucker und Mehl in den Mixer füllen und ein paar Sekunden mit der Kleie verrühren. Butter hinzufügen und rühren, bis die Masse bröselig aussieht. Korinthen und Ei in den Mixer geben und alle Zutaten zu einem weichen Teig verrühren. Den Teig auf einer bemehlten Fläche 3 mm dick ausrollen. Mit einer gezackten, runden Form (6 cm ⌀) Plätzchen ausstechen und auf ein Blech legen. Teigreste zusammenkneten, ausrollen und ausstechen. Der Teig reicht für 32-34 Kekse.

Jedes Plätzchen mit Milch bestreichen. 20-25 Minuten backen, bis die Oberseite hellbraun ist. Aus dem Ofen nehmen und sofort mit Puderzucker bestreuen. Ein paar Minuten auf dem Blech abkühlen lassen, dann die Kekse auf Kuchengitter legen.

Ergibt 32-34 Stück

ERDNUSS-ROSINEN-RIEGEL

185 g Butter
60 g brauner Zucker
125 g heller Honig
125 g Erdnüsse und Rosinen, gehackt
250 g Haferflocken

Den Backofen auf 200 Grad (Gas Stufe 6) vorheizen. Eine flache Backform (32,5 x 22,5 cm) mit Butter einfetten. Butter, Zucker und Honig in einen großen Topf füllen und auf kleiner Hitze rühren, bis alle Zutaten flüssig sind.

Erdnüsse, Rosinen und Haferflocken einrühren. Die Masse in die vorbereitete Form füllen und glattstreichen. 20 Minuten backen, bis die Oberfläche goldbraun ist. Dann Riegel anzeichnen: 3 Längsstreifen und 10 Querstreifen. In der Form ganz auskühlen lassen.

Die Riegel ganz auseinanderschneiden und mit einem kleinen, elastischen Messer herausheben.

Ergibt 30 Stück

Variante: Statt der Erdnüsse und Rosinen kann man Walnüsse, Mandeln oder Haselnüsse mit Rosinen vermengen. Man kann auch nur Nüsse oder nur Rosinen verwenden.

— ROSINEN-HAFERFLOCKEN-KEKSE —

185 g Vollkornmehl
60 g feine Haferflocken
60 g brauner Zucker
1 Prise Salz
1 TL Backpulver
125 g Butter
60 g Rosinen
1 Ei, geschlagen

Den Backofen auf 190 Grad (Gas Stufe 5) vorheizen. Mehl, Haferflocken, Zucker, Salz und Backpulver in eine Schüssel geben und gut vermengen.

Butter einrühren, bis die Mischung bröselig aussieht. Die Rosinen hineinmischen. Das Ei hinzufügen und alle Zutaten zu einem weichen Teig vermengen. Auf einer bemehlten Fläche 3 mm dick ausrollen. Mit einer runden Form (6 cm ⌀) Plätzchen ausstechen und auf ein Backblech legen. Teigreste wieder kneten, ausrollen und ausstechen. Der Teig reicht für 22 Plätzchen.

15–20 Minuten backen, bis die Oberseite hellbraun ist. Auf dem Blech ein paar Minuten abkühlen lassen, dann die Kekse auf Kuchengitter legen.

Ergibt 22 Stück

Variante: Man kann die Rosinen auch weglassen.

SESAMCRACKERS

250 g Vollkornmehl
1/2 TL Salz
1/2 TL Backpulver
90 g Butter
1 Ei, geschlagen
6 TL Milch und zusätzlich Milch zum Bestreichen
30 g Sesamsamen

Den Backofen auf 180 Grad (Gas Stufe 4) vorheizen. Mehrere Bleche mit Butter einfetten. Mehl, Salz und Backpulver in einer Schüssel gut vermengen.

Butter einrühren, bis die Masse bröselig aussieht. Ei und Milch dazugeben und alles zu einem festen Teig verkneten. Den Teig auf einer bemehlten Fläche 3 mm dick ausrollen. Mit einer runden Form (6 cm ⌀) Crackers ausstechen und auf ein Blech legen. Teigreste wieder kneten, ausrollen und ausstechen. Insgesamt 20 Crackers ausstechen.

Mit etwas Milch bestreichen und gleichmäßig mit Sesamsamen bestreuen. 15–20 Minuten backen, bis die Oberseiten der Crackers leicht gebräunt sind. Auf Kuchengittern abkühlen lassen. Zu Käse oder Pastete servieren.

Ergibt 20 Stück

SCHOTTISCHE HAFERKUCHEN

125 g feine Haferflocken
1/2 TL Backpulver
1 Prise Salz
30 g Butter
6 TL kochendes Wasser

Haferflocken, Backpulver und Salz in eine
Schüssel füllen. Butter einrühren, bis die Masse
bröselig aussieht. Kochendes Wasser hinzufügen und alle Zutaten zu einem glatten Teig verkneten. Der Teig ist anfangs klebrig, wird beim
Kneten aber glatter und trockener, da die Haferflocken die Feuchtigkeit binden.

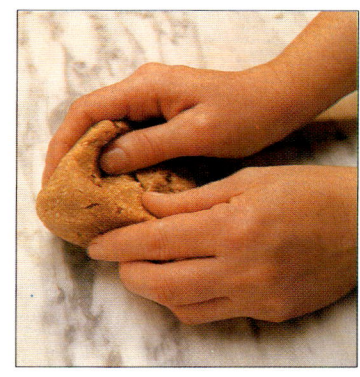

Den Teig auf einer mit Haferflocken bestreuten
Unterlage (gut 20 cm ⌀) rund ausrollen. Einen
Teller als Schablone verwenden und den Teig
schön sauber ausschneiden. Den Kuchen in
8 gleich große Dreiecke aufteilen.

Eine Grillpfanne auf mittlerer Stufe erhitzen
und leicht einfetten. Die Kuchenstücke in die
Pfanne legen und 8–10 Minuten backen, bis die
Ränder sich nach oben biegen. Auf Kuchengittern auskühlen lassen. Mit Butter und Marmelade servieren.

Ergibt 8 Stücke

— KÄSESTANGEN ODER -SPIRALEN —

125 g Mehl
1/2 TL Backpulver
1 Prise Salz
1 große Prise Cayennepfeffer
1/4 TL Senfpulver
100 g geriebener Parmesan
90 g Butter
3 Eidotter
2 TL Wasser
1 Eiweiß, leicht geschlagen

Paprikapulver zum Bestreuen

Den Backofen auf 200 Grad (Gas Stufe 6) vorheizen. Mehrere Backbleche mit Butter einfetten.

Mehl, Backpulver, Salz, Pfeffer und Senfpulver
in eine Schüssel sieben. Den Parmesan bis auf
3 TL dazugeben und die Butter einrühren, bis
die Masse bröselig aussieht. Die Mischung mit
Eidottern und Wasser zu einem Teig verkneten.
Auf einer bemehlten Fläche rechteckig
(32,5 x 22,5 cm) ausrollen. Die Kanten geradeschneiden. Den Teig mit Eiweiß bestreichen
und mit dem restlichen Parmesan bestreuen.
Will man Stangen, der Länge nach durchschneiden. Will man Spiralen backen, der Breite nach durchschneiden.

Stangen: Die Teighälften in knapp 5 mm breite
Streifen schneiden. Spiralen: Lange dünne
Streifen schneiden und je zwei zusammendrehen. Auf die Backbleche legen. Teigreste wieder
kneten und ausrollen. Mit zwei Formen (6 cm
und 4,5 cm ⌀) 10 Ringe ausstechen und eben-
falls auf ein Blech legen. 8–10 Minuten backen
und auskühlen lassen. Mit Paprika bestreuen.
Die Stangen in die Ringe stecken.

Ergibt 100 Stück

ANCHOVIS-PAPRIKA-SPIRALEN

1 rote Paprikaschote
125 g Mehl
1 Prise Salz
1 Prise Cayennepfeffer
1/4 TL Senfpulver
60 g geriebener Cheddar
90 g Butter
3 Eidotter
2 TL Wasser
150 g Anchovisfilets aus dem Glas, gut abgetropft
1 Eiweiß, leicht geschlagen

Die Paprikaschote unter einen heißen Grill legen und grillen, bis die Haut faltig und leicht braun wird. Häufig umdrehen.

Haut und Kerne entfernen. Das Fleisch in 5 mm breite und 10 cm lange Streifen schneiden. Mehl, Salz, Pfeffer und Senfpulver in eine Schüssel sieben und den Käse einrühren. Die Butter in die Mischung geben und rühren, bis die Masse bröselig aussieht. Mit Eidotter und Wasser zu einem Teig verkneten. Auf einer bemehlten Fläche rechteckig (32,5 x 22,5 cm) ausrollen. Die Kanten geradeschneiden. Den Teig der Länge nach halbieren. Die Hälften in 5 mm breite Streifen schneiden.

Den Backofen auf 200 Grad (Gas Stufe 6) vorheizen. Mehrere Backbleche mit Butter einfetten. Anchovisfilets längs durchschneiden. Je einen Paprika- und Teigstreifen vorsichtig zusammendrehen. Auf ein Blech legen. Mit den Anchovisstreifen und den restlichen Teigstreifen ebenso verfahren. Insgesamt sollen es 70 Spiralen werden. Die Spiralen mit Eiweiß bestreichen und 10–15 Minuten goldbraun backen. Auf Kuchengittern auskühlen lassen.

Ergibt 70 Stück

WASSERBISCUITS

185 g Mehl
1/2 TL Salz
1 TL Backpulver
45 g Butter oder Schmalz
60 ml Wasser

Den Backofen auf 180 Grad (Gas Stufe 4) vorheizen. Mehrere Backbleche mit Butter einfetten. Mehl, Salz und Backpulver in eine Schüssel sieben. Butter oder Schmalz einrühren, bis die Mischung bröselig wird. Mit Wasser zu einem Teig verkneten.

Den Teig auf einer bemehlten Fläche kneten, bis er glatt ist. Sehr dünn ausrollen und mit einer Gabel einstechen. Mit einer runden Form (8 cm ∅) Biscuits ausstechen. Teigreste wieder kneten, ausrollen und ausstechen. Der Teig reicht für etwa 18-20 Biscuits.

15-20 Minuten backen, bis der Teig leicht gebräunt ist. Die Biscuits auf Kuchengitter legen und auskühlen lassen. Mit Käse oder Pastete servieren.

Ergibt 18-20 Stück

HAFERFLOCKEN-CANAPÉS

60 g Mehl
1 TL Backpulver
1 Prise Salz
125 g feine Haferflocken
60 g Butter
6 TL kochendes Wasser

Den Ofen auf 180 Grad (Gas Stufe 4) vorheizen. Mehrere Backbleche buttern. Mehl, Backpulver und Salz in eine Schüssel sieben und die Haferflocken dazugeben. Butter einrühren, bis die Mischung bröselig wird. Mit Wasser zu einem Teig kneten, so lange, bis er glatt ist.

Eine Fläche mit Haferflocken bestreuen und den Teig darauf 3 mm dick ausrollen. Den Teig mit einer runden Form (4,5 cm) ausstechen. Die Canapés auf Backbleche legen. Teigreste wieder kneten, ausrollen und ausstechen. Der Teig reicht für 36 Canapés. 15–20 Minuten backen, bis die Oberflächen leicht gebräunt sind und der Teig durchgebacken ist. Auf Kuchengittern auskühlen lassen.

Die Canapés mit verschiedenen Buttersorten bestreichen und mit geräuchertem Lachs, Sahnekäse, Kaviar, Pastete, Schinkenröllchen, geräuchertem Fleisch oder mit hartgekochten Eiern belegen. Mit Salat, Gurke, Zwiebel, Tomate oder Petersilie garnieren.

Ergibt 36 Stück

KÄSE-KNABBERGEBÄCK

125 g Mehl
1/4 TL Salz
1/2 TL Backpulver
1 große Prise Cayennepfeffer
90 g Butter
90 g Danish Blue, zerbröselt
3 Eidotter
2 TL Wasser
1 TL gemischte Trockenkräuter

Salz zum Bestreuen
Selleriesalz zum Bestreuen

Mehrere Bleche mit Butter einfetten. Den Ofen auf 200 Grad (Gas Stufe 6) vorheizen.

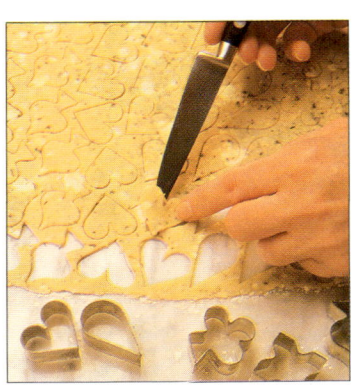

Mehl, Salz, Backpulver und Pfeffer in eine Schüssel sieben. Butter und Käse einrühren, bis die Mischung bröselig wird. Eidotter und Wasser hinzufügen und alles zu einem Teig verkneten. Die Teigmenge halbieren und in eine Hälfte die Kräuter einkneten. Beide Hälften auf einer bemehlten Fläche kneten, bis sie glatt sind. Dünn ausrollen und mit verschiedenen Formen kleine Figuren ausstechen (oder mit einem Messer Quadrate, Dreiecke und Rauten schneiden). Auf die Backbleche legen. Teigreste wieder kneten, ausrollen und ausstechen.

8–10 Minuten backen. Dann das Gebäck sofort aus dem Ofen nehmen und das aus Kräuterteig mit Salz, das aus einfachem Teig mit Selleriesalz bestreuen. Auf dem Blech auskühlen lassen. Als Beilage zu Cocktails oder Aperitifs servieren.

Ergibt etwa 300 Stück

SESAMSTANGEN

185 g Mehl
1/2 TL Backpulver
1/2 TL Salz
90 g Butter
60 ml kochendes Wasser
1 kleines Ei, geschlagen
60 g Sesamsamen

Den Backofen auf 180 Grad (Gas Stufe 4) vorheizen. Mehrere Backbleche mit Butter einfetten. Mehl, Backpulver und Salz in eine Schüssel
sieben. Butter einrühren, bis die Masse bröselig
wird. Mit kochendem Wasser zu einem weichen
Teig verkneten.

Den Teig auf einer bemehlten Fläche leicht
kneten. In 18 gleich große Portionen teilen (je
15 g) und jede Portion zu einem langen, dünnen Streifen (30–35 cm) ausrollen. Die Streifen
auf die Backbleche legen und mit Ei bestreichen.

Gleichmäßig mit Sesamsamen bestreuen. 20 Minuten backen, bis der Teig leicht gebräunt ist.
Die Stangen vorsichtig vom Blech nehmen und
auf Kuchengittern auskühlen lassen. Zu Cocktails oder Aperitifs servieren.

Ergibt 18 Stück

KÜMMELBREZELN

185 g Mehl
1/2 TL Backpulver
1/2 TL Salz
90 g Butter
3 TL Kümmel
60 ml kochendes Wasser
1 Eiweiß, leicht geschlagen

Den Ofen auf 180 Grad (Gas Stufe 4) vorheizen. Mehrere Backbleche mit Butter einfetten. Mehl, Backpulver und Salz in eine Schüssel sieben. Butter einrühren, bis die Mischung bröselig wird. 1 TL Kümmel dazugeben und alles mit kochendem Wasser zu einem weichen Teig verkneten.

Den Teig auf einer bemehlten Fläche kneten, bis er glatt ist. In 36 gleich große Portionen (je 7 g) teilen und jede Portion zu einer etwa 35 cm langen Rolle drehen. Die Enden nehmen und eine Schlaufe bilden, überkreuzen und dann nach oben legen, so daß sie zur oberen Kante der Schlaufe weisen. Fest an den beiden Punkten andrücken. Die Brezeln auf ein Blech legen. Mit den restlichen Teigportionen ebenso verfahren.

Die Brezeln mit Eiweiß bestreichen und mit dem restlichen Kümmel bestreuen. 18–20 Minuten im Ofen hellbraun backen. Vorsichtig vom Blech nehmen und auf Kuchengittern auskühlen lassen.

Ergibt 36 Stück

ZWIEBEL-KNOBLAUCH-SPIRALEN

90 g Butter
2 Knoblauchzehen, zerdrückt
2 TL fein geriebene Zwiebel
3 Eidotter
2 TL Wasser
185 g Mehl
1/2 TL Backpulver
1/4 TL Salz
1 Eiweiß, leicht geschlagen
Grobes Salz zum Bestreuen

Den Ofen auf 200 Grad (Gas Stufe 6) vorheizen. Mehrere Bleche mit Butter einfetten. Die Butter in einer Schüssel schaumig rühren.

Knoblauch, Zwiebel, Eidotter und Wasser zu der Butter geben. Mehl, Backpulver und Salz in die Schüssel sieben. Zuerst mit einem Rührlöffel, dann mit der Hand alle Zutaten zu einem weichen Teig kneten. Auf einer bemehlten Fläche kneten, bis er ganz glatt ist. Rechteckig (35 x 25 cm) ausrollen, die Kanten geradeschneiden und den Teig in der Mitte durchschneiden. Mit einem Teigrad oder einem Messer 32–36 dünne Streifen (etwa 17,5 x 0,5 cm) schneiden.

Jeweils einen Streifen nehmen, vorsichtig zu einer Spirale drehen und auf ein Backblech legen. Mit Eiweiß bestreichen und mit Salz leicht bestreuen. 15 Minuten hellbraun backen, vorsichtig vom Blech nehmen und auf Kuchengittern auskühlen lassen.

Ergibt 32–36 Stück

KÄSE-KRÄUTER-GEBÄCK

125 g Mehl
1/2 TL Backpulver
1/4 TL Salz
90 g Butter
90 g geriebener Cheddar
3 Eidotter
2 TL Wasser

FÜLLUNG: 45 g Butter
1 TL frischer Schnittlauch, geschnitten
1/2 TL gemischte Trockenkräuter
45 g geriebener Cheddar
Salz und Pfeffer

Paprika zum Bestreuen

Den Backofen auf 200 Grad (Gas Stufe 6) vorheizen. Mehrere Bleche mit Butter einfetten.
Mehl, Backpulver und Salz in eine Schüssel sieben. Butter einrühren, bis die Mischung bröselig wird. Den Käse dazugeben. Eidotter und
Wasser hinzufügen und alle Zutaten zu einem
weichen Teig vermengen. Auf einer bemehlten
Fläche zu einem glatten Teig kneten und dünn
ausrollen. Mit einer Gabel einstechen. Mit einer
runden Form (5 cm) Kekse ausstechen. Auf
Backbleche legen. Teigreste wieder kneten, ausrollen und ausstechen. Der Teig sollte für 60
Kekse reichen.
10–15 Minuten hellbraun backen. Vom Blech
nehmen und auf Kuchengittern auskühlen lassen. Füllung: In einer Schüssel Butter und
Kräuter schaumig rühren, den Käse hinzufügen
und die Füllung salzen und pfeffern. Je zwei
Kekse mit der Masse zusammenkleben. Leicht
mit Paprika bestreuen und gekühlt servieren.

Ergibt 30 Stück

CURRY-PLÄTZCHEN

185 g Mehl
1/2 TL Backpulver
1/4 TL Salz
2 TL mittelscharfe Currymischung
90 g Butter
1 Ei
1 TL Tomatenmark

Den Backofen auf 200 Grad (Gas Stufe 6) vorheizen. Mehrere Backbleche einfetten. Mehl, Backpulver, Salz und Curry in eine Schüssel sieben. Butter einrühren, bis die Masse bröselig wird, und eine Vertiefung in die Mitte drücken.

Ei und Tomatenmark in einer kleinen Schüssel schlagen und in die Mehlmischung geben. Alles zu einem weichen Teig vermengen. Den Teig auf einer bemehlten Fläche kneten, bis er glatt ist, dann 3 mm dick ausrollen. Mit einem Teigrädchen oder einem Messer Rechtecke (7,5 x 4,5 cm) ausschneiden und auf ein Blech legen. Teigreste wieder kneten, ausrollen und ausschneiden. Insgesamt 28-30 Rechtecke ausschneiden.

12-15 Minuten backen, bis die Plätzchen hellbraun sind. Vom Blech nehmen und auf Gittern auskühlen lassen. Mit Käse oder pikanten Dips servieren.

Ergibt 28-30 Stück

Im Uhrzeigersinn von oben:

Haferflocken-Kekse, Seite 98

Ostergebäck, Seite 90

Erdnuß-Rosinen-Riegel, Seite 102

Weizenkleie-Kekse, Seite 101

Vanillehörnchen, Seite 92

Mandelblüten, Seite 46

Müsliplätzchen, Seite 99

Haselnuß-Makronen, Seite 78

Im Uhrzeigersinn von oben:

Cigarettes Russes, Seite 59

Dreifache Orangenbiscuits, Seite 60

Shrewsbury-Kekse, Seite 41

Wiener Stäbchen, Seite 56

Schokoladenbrezen, Seite 48

Feuerräder, Seite 47

Kirschringe, Seite 40

Im Uhrzeigersinn von oben:

Pistazienringe, Seite 76

Schokoladenträume, Seite 68

Cafésterne, Seite 79

Schoko-Nuß-Makronen, Seite 77

Orangen-Schokoladen-Ringe, Seite 66

Würziges Spritzgebäck, Seite 64

Im Uhrzeigersinn von oben:

Käsestangen, Seite 106

Curry-Plätzchen, Seite 115

Sesamcrackers, Seite 104

Wasserbiscuits, Seite 108

INDEX